大展好書　好書大展
品嘗好書　冠群可期

大展好書　好書大展
品嘗好書　冠群可期

心靈雅集
69

銀髮族禪話

劉欣如／著

大展出版社有限公司
DAH-JAAN PUBLISHING CO., LTD.

由衷感激星雲大師，在我移居新環境遭遇重重困難時，給予多方協助與鼓勵。

本書寫作亦蒙大師啟發和資料提供，在此特致無限的謝忱。

緣起

古今對銀髮族的定義和年齡界定不太一樣，古人說：「人生七十古來稀」，雖然只有五十幾歲的人，看來也像一位老者、老丈或老婦，尤其，他（她）的內心也這樣認定：「自己年歲不小啦！」哀莫大於心死，內心的早衰和自憐只會加速生命的枯竭，而且，這才是人生的悲劇，頗不足取。

而今時代不同，國人的思想觀念早已歐美化和時髦化了，雖說世界各國法定的退休年齡不一樣，生活習俗也有差異，但要談銀髮族時，肯定得從身、心兩方面去探討。尤其，銀髮族內心自立自強的部份不能等閒，且這跟禪道有最關鍵性的牽連，才使我決心寫這本書。

十多年前，洛杉磯西來寺仍在趕建時，我在那裏一間臨時的會客室，有幸蒙星雲大師面贈兩本『星雲禪話』，拿回家後一讀再讀，欲罷不能，之後又買了四本，總共拜讀過六本大師的禪話，當真受用不少。於是，我才知禪沒有什麼神秘和奇蹟，跟人云亦云和自己想像差別甚遠，毋寧說，禪之外落實佛陀的生活教導，合情合理……既然如此，其間當然也能讓銀髮族分享了，那怕那些禪者都是古代的禪門大德，凡是真實的生活寶典，豈有古今中外或族裔區分？於是，我反覆尋思，從中找些跟現代銀髮族最有關連的禪道智慧，加以整理分析，本著野人獻曝之誠，提供出來給銀髮族朋友受用……。

再說退休與銀髮族不能劃等號，兩者卻頗有關連，為了方便寫作，不妨看作同樣的意思。

人的退休年齡沒有硬性規定，可由個人條件與興趣來決定，故不能說誰對誰錯，或誰好誰不好。

總的來說，人生應該劃分不同時期，例如，古印度的上層階段，習慣將人生活動分成下列四期：

第一是學生期，投師學藝、研修「吠陀聖典」。

第二是居家期，離開師父，回家娶妻生子，沿襲家業，有時祭祀祖先。

第三是林棲期，夫婦一塊兒離開世俗，住在森林或隱居，沈思一段日子。

第四是遊行期，不再執著世事，獨自遊覽宗教聖地。

當然，時間、空間和社會習俗等因緣條件不同，以上不能說無隙可擊或十分圓滿，但就某方面說，也有它可取之處。

若依國人的標準來解讀，他們當時的學生期也可沿用至今；居家期相當於現在學校畢業後，到社會去謀生創業；林棲期等於現代人的工作假期，出國旅行或在家休養一段時間；遊行期可說是退休後的銀髮族生活了。

可見古印度人的人生劃分法，頗有見地也蠻有智慧，比起有些先進國家的人工作至死，終生勞累不停聰明多了。

依我的淺見，現代銀髮族實在有必要在人生結束之前，做最後一次總反省和總檢討；若不，就無異來去匆匆、迷迷糊糊，有失為萬物之靈，跟其他動物沒有太大差別了，也許這樣說夠苛薄，若仔細想想，難道不是嗎？

順便一提的是，我在八〇年代初僑居南加州，兒女長大後，不時來往美、台兩地，除了探親訪友，也忙碌自己的出版寫作事業；時間真快，不久前做完「耳順」之年的生日，難免一陣悵惘和些許感觸，但我又馬上振奮起來，想起一位朋友的勸告：「一輩子若不做點兒自己想做的事，絕對不是個好漢；成敗可以不論，但不能不做……。」我曾經反覆沈思，覺得蠻有道理；問題是，自己最想做的是什麼呢？或者有沒有自己想做而尚未做的事情呢？答案必然是肯定的，而且相信人人都有。

很可悲的是，絕大多數人都限於現實的諸般挫折和阻礙，而被迫中途作罷，甚至根本沒有碰過，例如，事業的憂慮、生活的不安和兒女的操勞，而不能分心去做自己的最愛，一天過一天，轉眼間成了銀髮族，那麼，現在不做，還要等待何時？倘若本書能給銀髮族某些鼓舞、反省和啟發，將是我最大的榮幸。

四年前，我遇到意外的好因緣，不到法定的退休年齡，也能搬進哈崗一座多達一百餘戶的退休公寓，不但左鄰右舍全是不同族裔的銀髮族，彷彿一座聯合國或地球村，而且其中不乏八、九十歲的鰥夫寡婦和老夫老妻，看在眼裡根本分不出他（她）們年輕時代有多帥氣、或多漂亮？反正到這般年歲，通通一樣白髮斑斑、滿臉皺紋和彎腰駝背，沒有半點兒昔日的風光，讓人不勝嘆息「歲月不饒人」之餘，也進一步領悟「生老病死」的絕對平等和絕對無常……。

我跟他（她）們朝夕見面，又本著結緣交友的原則，不時登門拜訪，盡與聊天，也隨時歡迎訪客，反正彼此沒有利害關係，有話直說，結果，我才有機會傾聽銀髮族的心聲，理解老境的不尋常；每個人一輩子都是一部難唸的經，幸好都快要唸完了，彼此吐露心得，交換寶貴的生活體驗，實在有說不盡的感慨和歡喜。

劉欣如寫於洛杉磯哈崗

目錄

第二章　從禪道看銀髮族的「再」定義與「再」出發

第三章　從禪道找尋銀髮族的快樂法門

第四章　從禪道悟解銀髮族暮鼓晨鐘

第一章

銀髮族生活與禪的智慧

1．肉體消失　善業仍在

佛教徒耳熟能詳：「萬般帶不走，只有業隨身」，這話意謂身體即包身不是真我，有礙有病，也會死亡消失，但是，他（她）生前所造諸業，包括善與惡，出自身體、嘴巴和心意所造都會隨著心識輪迴，所以業力不可等閒。所謂立功、立德和立言可以萬古流方，造福後代！反之，惡行惡德會遺臭萬年，人人唾棄。

銀髮族對於善惡業的評價應該有分寸，如有機會讓他（她）自由選擇，除非心智有疾，或執迷不悟，否則，選擇善業留在人間應該可以預料的。當然，所有善業也不一定限於驚天動地，流芳千古，舉凡大大小小，點點滴滴的善行都值得讚嘆，甚至一念善心也不能小看，機緣成熟也許成為大善而利益眾生。

有道是：「勿以善小而不為」，正是這個道理。

美國華爾街日報有一則能讓銀髮族深省的新聞——某年該報做一項調查，六十歲以上男女的每五個人裡，就有兩個以上的人在過去一年曾經做過若干義務活動。這意謂老年人深諳行善最樂，從事義工奉獻也不後人。再讀它的分析，發現他（她）們都志願每週工作一天，只要能服務人群，不論宗教、文化、教育、政黨……都有大量的銀髮族投入。願意奉獻時間和精力，倘若套用佛教的術語，這就是布施，都有大小不一的功德，非常值得讚嘆與擊掌。

報載台灣苗栗有一位八十三歲的謝老太太，一生未戴過金飾，傢俱也多半是撿拾而來，卻能犧牲享受，捐出市價達六、七千萬元的一千坪土地，供政府興建老人安養中心，她的義舉得到政府肯定……。謝老太太說，自己一生簡樸度日，活得自在，捐出大片土地並不覺後悔，她說與其留給幾個子孫花費快活，不如留給更多人分享。可見她深悟『六波羅蜜多經』一段話：「一切財物都是無常敗壞與眾苦的根本。若肯把財物拿來布施，並把功德迴向給許多眾生，且發願大家都能成就無上智慧。那麼，不但那些眾生都會蒙受利益，而且生生世世心常安穩，沒有憂愁恐怖：：布施的功德與利益是無量無邊，難以描述」。

還有近日也傳聞台大一位楊教授，年齡七十三歲，退休時捐出一座植物園。他說：「土地留著沒意義，送給學校供學生做實驗，才能生生不息……。」可見他也能領悟布施的價值與意義。

嘉義有一個「嘉邑行善團」，既不是一個正式立案的社團，也沒有特定團員，但它的組織力與動員力，遠比任何團體都來得高，因為他們已在各地造了兩百餘座橋，造福家鄉，因此獲得菲律賓「麥格塞塞獎」的榮譽，其實，那位「善頭」的創始人也是一對七十多歲的何姓老夫婦，全心投入，甘之如飴。他們默默行善，極力不欲人知，但善行愈來愈多，終於為人所知，且馳名中外而獲得無數獎勵。

人體是五蘊（色受想行識）之身，身軀的消滅是人人都無法避免，且為遲早的事，老人感受尤其深刻和敏感，眼見來日無多，回首前塵，終日忙於兒女家庭，而很少會想到或關心別人，而今兒大女大，子孫成群，實在該有些回饋心灑在自己的能力範圍內。若等到雙手一攤，上氣不接下氣，那就什麼都沒了，只有自己的善業和義舉可以留下來讓人懷念。

例如，無根禪師的結局值得銀髮族警惕，應該精讀和三思：

有一次，無根禪師忽然入定，一連三天都沒有出定。寺裡的僧眾誤會他已經死了，便將他的身體火化。幾天後，無根禪師的神識再出定時，卻找不到他的身體，全寺僧眾經常聽到他悲哀的自言自語叫道：

「我在那裡呢？我的身體在那裡呀？」

每到夜晚，無根禪師找身體的聲音更加悲切，鬧得大家都不安。一天，無根禪師的好友妙空禪師知道了，特地從遠方趕來，對寺裡大眾說道：

「今天晚上，我要住在無根禪師的房間裡，他若來時，我要好好和他長談，但請你們先為我備妥一盆火和一桶水，我要使他領悟什麼是我？」

夜深了，找身體的無根禪師來了，很悲戚地叫道：

「我的身體在那兒呢？我的身體呀！你到底藏在那兒？」

妙空禪師很安詳、很鎮靜地回答說：

「好朋友，你在泥土裡。」

無根禪師就鑽進了泥土，東尋西找，找了很久仍未找到，又聽他哀傷地問道：

「泥土下沒有嘛！」

妙空禪師又說：「好朋友，那可能在虛空中，你不妨去找找看。」

無根禪師果然進到虛空找了良久，但仍悽切地說：

「虛空裡也沒有我呀！我到底在那兒呢？」

這一來，只見妙空禪師指著水桶說道：

「大概在水裡吧！」

無根禪師自由進入水桶中，片刻後又聽他出來哀叫說道：

「水裡沒有我啊！到底我在那裡呀？」

妙空禪師這時指著火盆說：「你在火裡面吧？」

無根禪師進入火中仍然沒有找到我。這時妙空禪師才認真對無根禪師說道：

「你能夠入土、下水，也能進入烈火中，更能自由上入虛空，那麼，你還要那個渾身骯髒，處處不自由的色殼子做什麼呢？」

無根禪師聽後，突然一悟，就再也不吵著找我了。

禪門大德再三開示，人身像一副臭皮囊，既不能解脫，也不能永存，但可用來造業修行，豐功偉業，立德立言都要用身體；我心想，如果無根禪師生前造有善行或義舉，即使死後的神識也不會東尋西找，執迷自己的色身吧!?因為他的善業會彰顯在人間，所謂「恆古今而不變，歷萬劫而常新」。

人不自私，天誅地滅，倘若真愛自己，就不該執著眼前，迷戀我身，應讓那顆心早些覺悟，趁一口氣尚在，好好解讀開頭那句：「萬般帶不走，只有業隨身。」

還有一則膾炙人口的禪偈——唐朝詩人白樂天（白居易），晚年居「香山」，與詩僧「如滿」結「香火社」，號香山居士，一心皈依佛門。有一次，他向道林禪師請教佛法：

「如何是佛法大意？」

道林禪師不慌不忙答說：「諸惡莫作，眾善奉行。」

白居易聽了楞個半天，覺得太簡單，禪師又說：

「這話說來容易，真要實行，連八十老翁也難做到。」

斗膽勸告銀髮族何妨做做看，到底難也不難？

2．婆媳爭執　並非破局

我的公寓附近不久前搬來一位老寡婦，和她一個四十多歲離過婚的女兒，母女相依為命，彼此照顧也不寂寞。

一天傍晚，老寡婦來訪閒聊，始知她也是客家人，接著用客家話溝通，他鄉遇故知，倍感親切。其間，我問她既然有兒媳孫子在此，何不跟他們同居，含飴弄孫呢？誰知她聽了長嘆一口氣，馬上如怨如訴地說道：

「我兒子做國際貿易很成功，早出晚歸，媳婦跟兩個上幼稚園的孫子在家，偶爾也去公司幫忙，她對我很不好，在我兒子面前假裝孝順，我兒子一離開她又擺出另一種態度，所以我兒子完全不明白媳婦是個怎樣的女人，我也不敢多講和實講，免得傷害他們夫妻感情。更不該的是，媳婦還阻止兩個小孫子親近我，不讓他們叫我奶奶，有時我到市場買些玩具回來給孫子，不料，媳婦硬攔著他們接下，使我非常傷心，但又不敢向兒子控訴，只有女兒知道詳情。後來，我想這樣相處下去，不被她氣死，恐怕也會發瘋，就乾脆趁兒子上班時間搬出來，反正我也有儲蓄，身體也還硬朗……既然跟媳婦無緣，就不必勉強住在一起，除非她那天心甘情願請我回去，不然我就不回去住了。幸好有女兒陪伴也不寂寞，有人照顧我……。」

她一口氣說到此，就傷心掉淚，泣不成聲。我默默地點頭，心想她的做法很務實，也很乾脆；否則，每天跟兒媳孫子相聚，心靈不交流，精神不相依，感情無共識，也等於跟陌生人一般，反而會令老母親傷心……。

走筆至此，我想起一則類似的禪話，意謂此處不宜住，自有適合的地方落腳，也許那天因緣逆轉，再度回來也說不定，因為人情世故，兒女之心也會隨環境和狀況在改變，等到那天兒媳悔悟自己有錯，發覺虧待婆婆，肯定會登門請罪，接她回家安養天年。所以，暫時客居在外，不必像楚囚相對，飽嘗怨憎會苦是理性的，可以理解的。這則禪話說——

洞山禪師披袍搭衣，正式向雲嚴禪師辭行他去時，雲嚴禪師問道：「你要去那裡？」

洞山禪師回答：「我只想換個地方去參學，一缽千家飯、孤僧萬里遊，至於目標地點到現在我自己也不知道。」

雲嚴禪師故意提示說：「你是不是想去湖南？」

洞山禪師毫不猶豫地答道：「不是！」

雲巖禪師問道：「那麼是回家嗎？」

洞山禪師回答：「也不是！」

雲巖禪師問不出所以然，只得換個話題說：「你打算什麼時候回來呢？」

洞山禪師說道：「等我找到落腳的地方，就會馬上回來。」

雲巖禪師感到洞山禪師心中已有主張，如果仍在去回的問題上議論，反而給人覺得在知見上仍停滯在對待的上面。……最後，仍然默默看著洞山禪師離去。

記憶裡，那位老寡母後來又說，她兒子發覺母親搬出去，詫異之餘匆匆跑來詢問，說道：「您說房間不夠住，我才特地改買一棟大房子，而今有足夠房間，怎麼又要搬走呢？」

老寡母也不明講，只是含糊表示自己想要自在，那麼，只有搬出來，她兒子聽了沒有多說，知道母親自有主意，就不想強她所難，在來去之間爭辯了。

時代不同，複雜的家庭問題中，婆媳相處也是重要部份，類似以上的例子肯定不少，而今以夫妻兒女為主軸的小家庭，是現代社會的組織單位，年老父母似乎漸漸在這種家庭中不受重視。

我不時聽到兒媳不客氣，又似警惕的口吻對父母親說：

「老人家別講話好不好，我們自有分寸，你們有得吃、有得穿就好啦！」

在這種情況下，如果父母的觀念仍然保守，肯定聽了不舒服，甚至會教訓他們一頓，但是，兒媳肯聽嗎？兒子是自己生的，也許還不敢太魯莽，媳婦是別人家庭長大和教養出來的，讀書也比公婆多，恐怕就不會乖乖聽訓了。這一來，家庭感情能夠和睦嗎？

與其見面不高興、不溝通，且又天天相對，早晚同桌吃飯，不如先在外面住，例如選在安養中心，老人公寓也是不錯的考慮。住一陣子也許因緣有變化，就是兒媳的心意會被外境所轉，聽到別人指指點點或善知識的勸誘，而生起懺悔心與孝養心……。這一來，不是有再度團聚，天倫恢復的機會嗎？

日昨我讀到一篇某報投書，內容感人，剛巧也是這方面的好見證，投書人是一位年輕女性，請讀她怎麼說——

「公婆本來跟我們共住的，奈因婆婆很囉嗦，不時對我平時的作風閒言閒語，後來我們吵了一架，他們就氣憤地搬出去住了。不久前，我公公去世，只剩下婆婆孤單地住在那裡，雖說她的身體眼前還好，但也怪可憐的，我先生堅持要請她回來住，否則心裡很不安，而我也有一份罪惡感，覺得對不起先生，到底婆婆也曾教導過一位好先生給我，我要感激她才對，萬一她忽然在外邊病死了，那麼，我連感恩的機會也沒有，這一來，恐怕我一輩子也不安，也對不住我先生，因為先生對我好得沒話說……請問我要選在何種時機和情況下去接她回來，才能使雙方不尷尬，不彆扭呢？」

可見婆媳的因緣剎那在變化，不會一輩子爭吵下去，所以，銀髮族不必太悲觀這方面的不和諧，見機行事，可以一試。

3・幽默妙用　生活情趣

彎腰駝背，斑斑白髮，滿臉皺紋……都是老人的身體現象，乍見下很難讓人喜歡親近。倘若說話呆板又嚴厲，滿嘴教訓的話，那會讓人生厭，敬而遠之。但是，有些老人很愛開玩笑，語帶幽默，可讓聽者如沐春風，十分受用，這一來，自然令人歡喜親近，不管對方是不是自己的親人或好友？說真的，幽默不但給人歡喜，也會給自己長壽和快樂，只要有人樂與親近，得到受用，自然會減少孤獨，經常有朋友來結緣了。

法國有一位人瑞婆婆透露，談笑風生是長壽秘訣。這位打破人類長壽紀錄的女人瑞名叫珍尼・卡爾藍。她至今活了一百二十歲，成為金氏世界紀錄有史以來生日確實可考而最長壽的人。由下面幾則報導，可知她有多幽默，多好玩，根本不把年齡、沮喪、死亡……等當一回事，也讓聽眾時時捧腹，分享她的機智。

她過一百二十歲生日時，還滿懷夢想，談笑風生說：「我等了一百二十年才成名，我指望藉此佔點便宜。」某個周末，她自忖金氏紀錄又會引來大批記者，忍不住妙語又脫口而出：「我在等死，也在等記者上門。」接著又說：「上帝一定是把我給忘了，否則我早就蒙主寵召了。」

那年她跌了一跤，挫傷一隻腿，剛巧聽說美國太空人阿姆斯壯登陸月球二十周年，她趁機表示，若非自己腿傷，否則也很想上月球……。

總之，幽默和玩笑是很好的開心劑，既能利己，亦能利人，尤其可助老人克服孤僻，廣結人緣，使晚年生活更豐富，更有情調，可惜很多老人忽視，甚至忘了這一招。

不明禪理的人，總以為修禪必須正經八百，滿臉嚴肅，連言語舉止都要符合戒律，一板一眼，絲毫不能例外。其實錯了，毋寧說，禪修的人最活潑，最輕鬆，無拘無束，幽默感絕對不亞於俗人，甚至有過之無不及，尤其把它當作教化眾生的方便，而這一招可不是凡夫俗子所能及。

以下兩則禪話就是好證明，敬盼所有銀髮族一齊倣效和開懷分享：

坦山禪師和雲昇禪師，同師學道參禪，但兩人性格迴異，師兄坦山放浪性格、不拘小節，甚至煙酒不戒，為人所不恥，而師弟雲昇為人莊重，不苟言笑，弘法利生，甚受信徒的尊敬。

一天，坦山正在喝酒，雲昇從坦山的房門前經過，坦山叫他說：

「師弟，你也坐下來喝一杯酒如何？」

雲昇禪師不屑地譏笑說：「你這樣不戒煙戒，怎能修道呢？給外人印象真是壞透了。」

坦山仍然不在意地說：「不管那麼多，你來一杯吧！」

雲昇邊走邊說：「我不會喝酒。」

坦山憤然說道：「連酒都不會喝，真不像一個人！」

雲昇一聽，立刻停步，大怒問說：「你敢罵人！」

坦山不解似地問說：「我幾時罵你？」

雲昇說：「你剛剛說我不會喝酒，就不像人，難道不是在罵我？」

坦山說：「你的確不像人！」

雲昇怒問他：「我怎麼不像人？你說！」

坦山說：「我說你不像人，就是不像人。」

雲昇更氣憤地問他：「好！你罵我不像人，那我像什麼？你說呀！快說呀！」

坦山微笑地說：「你像佛！」

雲昇聽了目瞪口呆，當場愣住了。

坦山禪師的反應敏捷、隨機應變，竟能四兩撥千斤，化解對方的憤怒，無疑是極高的幽默，有時能讓人破涕為笑，化干戈為玉帛，如果老人能用這一招扮演和事佬，幫人排難解紛，一定更受人歡迎，加上他（她）豐富的人生閱歷布施予人，使人受益，就是錦上添花，美事一樁。

例如，仙崖禪師就能活用這招禪機，詳情如下：

仙崖禪師某日外出弘法，路上遇到一對夫婦吵架。

妻子：「你算什麼丈夫，一點都不像男人！」

丈夫：「你罵，如敢再罵，我就打你！」

妻子：「我就罵你，你根本不像男人！」

這時，仙崖禪師聽了二話不說，馬上對過路行人大聲叫嚷：

「你們來看呀！看鬥牛，要買門票，看鬥雞、鬥蟋蟀都要買門票，現在鬥人，正在開始不要門票，你們來看呀！」

夫妻仍然繼續爭吵，指手劃腳。

丈夫：「你再說一句我不像男人，我就殺你！」
妻子：「你殺！你殺！我偏要說你不像男人！」
仙崖禪師：「精彩極了，快來看呀！現在就要殺人了！」
路人：「和尚！你大聲亂叫什麼？夫妻吵架，關你何事？」
仙崖：「怎不關我事？你聽到他們要殺人嗎？殺死人，就要請和尚唸經？唸經時，我不就有紅包拿了嗎？」
路人：「豈有此理，為了紅包就希望殺死人！」
仙崖：「希望不死也可以，那我就要說法了。」
這時，連吵架的夫婦都停止了吵架，雙方不約而同，圍上來聆聽禪師和人們爭吵什麼。
只聽仙崖禪師微笑告訴吵架的夫婦說道：
「再厚的寒冰，太陽出來時都會融化；再冷的飯菜，柴火點燃時都會煮熟；夫妻有緣生活一起，要做太陽，溫暖別人；做柴火，成熟別人。希望賢夫婦要互相敬愛！」
（抄自『星雲禪話』第四集）

再說佛陀是一位偉大教師，也擅用幽默來教化眾生，使對方在輕鬆有趣的情境下，自然地消除了疑慮、平息了忿怒。例如『四十二章經』記載，某次一個外教徒正要口出惡言的時候，佛陀反而平心靜氣對他說：「朋友！假如你送禮物（暗示他所罵的話）給人，而對方沒接受，你是不是仍要收回去呢？」這一下頓使對方悟了前非，重新做人。

幽默不是諷刺，挖苦或輕蔑，而是一種卓越與含蓄的思想；誠如幽默大師蕭伯納所說：「幽默就是用最輕鬆的字眼和語調，說出最深切的道理。有時乍聽下不一定可笑，但若深入思索，便會使人有所悟，而發出會心微笑。」

當然，幽默也有不同形式，其中一種也許如希臘詩人荷馬所說：「從他舌尖上吐出來的話，會比蜂蜜還要甜。」果真如此，那對方聽了難道會無動於衷，不做任何表示嗎？想想也明白。

記得多年前我國幽默大師林語堂博士返台到某大學演講，一上台不慌不忙，簡短有力地說道：「演講要像女人穿裙子，愈短愈好！」這一招頓使台下聽眾轟然大笑，鼓掌不停，不僅啟發後來的演講者，也教訓和諷刺前面幾位長篇大論的陳腔爛調，一語多義，啟人深省，無疑最佳幽默。

做老師的人都明白幽默或笑口常開不僅能建立師生間親切的關係，且能提高教學效果。記得一位退休老師回憶說：「四十五分鐘教學和五分鐘笑聲的總效果，遠比整堂課五十分鐘從頭到尾的呆板敘述高出一倍以上。」一語道出幽默的功用非比尋常，而銀髮族除了平時對年輕晚輩諄諄教導，也有更多機會提供豐富的人生經驗與人分享！這時，若能活用幽默善巧，其功效之大就可想而知了。

幽默感要靠自己去學習和訓練，它有相當機智的成份，而絕不是天生或不學就能琅琅上口，妙語如珠。總之，它是一種腦力震撼和青春氣息，對人的身心健康有莫大助益。近年來，老年癡呆症患者迅速增多，原因正在研究中，但依專家們一致的見解說：老人要用各種方法震撼和活潑自己的腦力，別讓它不用而僵化下去，要讓自己做個「老智叟」和「老壽星」……。

銀髮族們請注意！言語無味，人人討厭！口若懸河，也難免會嘮叨，只有幽默玩笑，才是老幼咸宜，最得人緣的最好秘訣！天下無難事，只要肯去學，即使不能當個幽默老人，至少也不會成了喋喋不休的老傢伙！可知幽默有多麼重要！

4·誤解因緣　自食惡果

在美國老年人中，家庭問題和離婚現象正在增長。有些專家報告，老人離婚後在感情方面產生的影響比青年人還大。

說得淺白些，老年人離婚比青年人家庭破裂所造成的創傷大得多，這不僅指失去長年伴侶後的精神問題，也指財產和資本劃分後的經濟問題。有關律師認為老年人離婚增長是因為離婚現象日益被人接受，社會總人口趨於老化，以及老年人「性」趣不同……。

說也奇怪，美國這個全球最先進的社會，連台灣罕見的老年離婚也高得出奇，但不知它會不會像民主、人權和男女平等觀念一樣影響全球？在不久的將來迫使台灣也步其後塵，蒸蒸日上呢？果真如此，那就是很不幸的現象。

僅就老年離婚的問題來說，國內目前很少有人去研究和調查。依我猜測，在重視人倫的台灣社會還很難接受它，即使有，恐怕也不會太多吧!?因為美國老年人離婚的因緣在台灣尚未成熟，國情差異、觀念懸殊，不太可能造成老人離婚像美國那樣高得離譜。

記得三十多年前，我們鄉下有一對小學老師夫婦，在一兒一女上大學後毅然宣佈離婚，消息傳出來，立刻讓人好奇，且被人指指點點，怎麼年輕時不離，快做爺爺奶奶才來離呢？腦筋肯定有問題。

之後聽說：他們婚後有了兒女，發現彼此個性和興趣差別甚大，硬要相處下去也絕對不會幸福，但又顧慮到兒女的養育，只好雙方各讓一步，忍耐到兒女長大和懂人事才正式離婚，各走各的路。他們理性分手，倒沒有想像中那樣爭爭吵吵，或哭哭泣泣，據說離開後彼此還保持某種程度的友誼，真正做到「不是夫妻，便做朋友」，別人聽了都不勝唏噓。

佛家常說：「十年修得同船渡，百年修得共枕眠。」現代人也開口閉口談「緣份」，試試雙方投機不投機？

如果答案是否定，即使父母再三催促，親友百般鼓勵，對方條件再優厚，當事人也未必完全同意，可見婚姻的因緣有多重要。反之，結了婚或有了兒女，才發現彼此情不投、意不合，而完全漠視容忍、體諒和珍惜的婚姻智慧，就貿然說是因緣消失，而不顧一切走上離婚之路，昧於禪的婚姻秘訣，根本是一對愚癡族。

那麼，禪的婚姻秘訣是什麼呢？我熟讀許多禪話，頗有領悟，恕我野人獻曝，坦露出來跟大家分享：

人生就像一場戲　因為有緣才相聚
相扶到老不容易　是否更談去珍惜
為了小事發脾氣　回頭想想又何必
別人生氣我不氣　氣出病來無人替
我若氣死誰如意　況且傷神又費力
鄰居親朋不要比　兒孫瑣事由他去
吃苦享樂在一起　神仙羨慕好伴侶

前不久，新竹縣家鄉傳來一則相當罕見的新聞。曾跟我家住在同一村子的鄭老伯夫婦，扮演一對「生相伴死相隨」的主角，刊登各大報讓人不勝唏噓。老夫妻平日感情好鄰人皆知，因此，他們相約要生生世世結為夫妻。

七十九歲那年，鄭老伯患了肺炎住院醫療，且嚴重住進加護病房，兒女不讓身體不佳的母親知曉，可是，母親好久找不到老伴，天天著急吵鬧哭泣，不久，也病倒住進同一家醫院了。一天，她意外獲悉另一伴也在這裡的加護病房，好不容易進去見到丈夫插著鼻管，病況危急，她非常難過，而思念愛妻的鄭老伯看到眼前的妻子，兩人緊拉著手哭成一團，雙方自認來日不多，就相約要「走」一起走，來生再續夫妻緣，場面讓旁邊的護士不禁感動淚下。妻子出院幾天後去世，鄭老伯乍聞愛妻亡故，病情加劇，很快也跟著辭世了。

美國有一對結婚年數最長的兩對夫婦，都在今年慶祝結婚八十周年，使在加州的「世界婚姻組織」頒獎給他們，以示激勵。讀到他們白頭偕老的秘訣，原來也符合上述的禪偈。

一對名叫歌達康索的夫婦說：「婚姻彷彿人生，你必須沉浸其中，孜孜不倦，歡樂必如是，哀傷必如是。事情不順遂，你也不能放棄。更重要的是，雙方要永遠相親相愛，互信不疑。」

另一對名叫狄脫的夫婦也說：「你要對方怎樣待自己，自己就先怎樣待對方，如你依這個原則，幸福自然就在你身邊。當年我們結婚時，或許還都是很年輕，但我們從沒有一刻忘記相互的誓言，彼此都珍惜對方。」

美國銀髮族離婚率偏高，也許都出在大都市，相對在農村和中部地區的純樸風氣，也不乏金婚銀婚的幸福銀髮族。我們不能任意指責美國老人的婚姻觀走邪了。

倘若情非得已，幸福的因緣真正消失，與其相處苦惱，而不得不宣告離婚，也不能算愚癡或錯誤，但若動不動找藉口拋棄老伴，顯然違反禪的婚姻秘訣。

有一對世界最高齡離婚夫婦也在美國，那是八十五歲的丈夫和八十三歲的妻子結婚已逾六十年。都因雙方各覓愛情火花而各奔前程，其實，他們分開的理由很好笑，很無聊。

丈夫說：「因為我倆已不再能擦出火花，只是我太懶，一直沒去辦離婚手續而已。」

妻子說：「兒女都已長大成人，大家不必再為兒女而勉強一段婚姻。」

雖然兩老都對對方沒有惡言，但也有些感嘆，尤其，他們的子女對於父母的選擇感到難過，不過也管不著了。

佛教的因緣觀不是僵硬的，而是可以靠人力來培養，即使互相扶持大半輩子，其間的爭爭吵吵說不盡，也能靠禪的婚姻智慧來調整和圓滿，雙方不輕言：「只要我喜歡，有什麼不可以？」

5・「殘廢」定義 非比尋常

禪宗二祖慧可太師在求道過程有一則家喻戶曉的故事，那就是他去少林寺求見達摩祖師時，祖師並不理他。

無奈，慧可沒有打退鼓，不曾沮喪離去。他為了引起祖師的注意，表示自己求道參禪的決心，就站在門外的雪地裡，不久，厚雪掩埋到他的膝蓋了。這一來，達摩祖師就問他說：「你站在雪堆裡到底要求什麼呢？」

慧可說：「我懇求和尚開示，普度眾生的妙法。」

達摩祖師說：「只有吃世上之最苦，忍世上之最難忍，行世上之最難行，才能體會諸佛之道。小德小智，只是徒勞而已。」

這一來，慧可進一步表示求道決心，就掏出隨身攜帶的利刀砍斷自己的左臂，呈獻到達摩面前。

於是，達摩理解他的誠意之後，才開示他安心之法。由此可見，慧可即使後來得到達摩祖師的傳承，也始終少了一臂，如依俗人之見，他在身體上是殘廢了，四肢不全，事實上，他是證悟的禪師，也是禪門千古大德。他那殘缺之身絲毫不影響他的功德和偉大風範。因為真正的禪者不在外表，而在他的明心見性、言行舉止。環顧周遭，不乏身體殘缺而有偉大貢獻的人。縱使談不上偉大或貢獻，至少也是頗有建樹和殘而不廢，遠比那些身心健全，虛有其表的人強得多了。

有些銀髮族老來不良於行，不時靠拐杖，甚至坐輪椅，但他（她）的心智仍很清醒、很正確：對問題的判斷和困難的解決仍能出乎其類，比誰都行，結果對社會世局發生重大作用，在歷史上留下不朽和事業。例如，美國羅斯福總統在第二次世界大戰末期，還坐著輪椅搭機到各地參加重要會議，對當時戰局與後來聯合國的成立功不可沒。還有台灣蔣經國總統，晚年也因糖尿病重，幾次坐著輪椅召開重大會議，對於國家安定貢獻良多……銀髮族的身體毛病能忍則忍，不必動輒就自認廢人一個，哀莫大於心死，才是真正的廢物，或行屍走肉。

花蓮證嚴法師講過一則感人的故事，任誰聽了都會肅然起敬，尤其會讚嘆這位殘而不廢的銀髮族所做的功德比誰都要多，風範比誰都要棒。內容如下：

「樂生療養院」的病患當中，有一位失明的老婆婆，響應慈濟建院，發起了「一人一萬」運動。這位老婆婆兩眼失明，手又殘障，腳走路也非常不方便，但是她能將『地藏經』一字不漏的背誦下來。

雖然大家知道她患很可怕的痲瘋病，但是老婆婆人緣很好，認識她的人，都知道她有一份超然的愛心。當她聽到師父講「福田一方邀天下善心，心蓮萬蕊造慈濟世界」，她靈機一動，便開始賣起心蓮來了。

接連幾天，她都走上一里遠的路，去賣心蓮，沿路上都有她的朋友，朋友們見到她來就問：「緣姊，有什麼事嗎？」

「我來賣心蓮。」

「什麼是心蓮？你為什麼要賣心蓮？」

她開始為他們介紹慈濟世界，大家聽了非常感動，紛紛問她：「心蓮一朵要賣多少錢？」

「一萬元。」

馬上就有人響應。

但是也有人說：「雖然想參加，但是我的經濟不允許一次拿出一萬元。」

「你們可以兩個人合買一朵。」

朋友問她：「西方的蓮花有兩個人一朵的嗎？」

「有呀！雙胞胎的。」

就這樣，她由自己的口，將所認識的「慈濟」介紹大家認識，經由她的愛心與熱心，賣出了三十多朵蓮花，寄回本會四十多萬元，真是有智慧，又叫人感動的老菩薩。

沒錯，她不但殘而不廢，反而表現比健全的人更卓越！

還有一位感人的女鄰居住在我現今的寓所左側，年已七十有二，來自南投縣鄉下，她說二十歲嫁給同一村的農夫，又是大家庭，生下三男兩女，一輩子沒有停止過農田作業，直到六十五歲那年生了一場重病，休息過一陣子，但腰部開始隱隱作痛，一直好不起來，害她只好坐輪椅，來回在房子周邊的菜園種菜，而今移民來美國，剛好寓所後邊有二十坪的院子，每天早晚看她埋頭在開墾，種植好幾種蔬菜，都是台灣帶來的種子。

由於加州天氣溫和，又見她勤於除草、施肥和澆水，結果蔬菜長得非常茂盛，她自己吃不完，就拔起來送給左鄰右舍，讓大家分享她的成果……。我想，她也在實踐百丈禪師那句「一日不作，一日不食」，連青菜也靠自耕，怎能笑她「殘廢」呢？健全的人應該慚愧才對。

6·消除寂寞　廣結善緣

一位昭引禪師行走各地，是大家公認的雲水僧。若有人跟他談話，跟他來往，他沒有別的事，就是跟你化緣！不過，他化緣不一定化錢，比方說有人向他請教：「禪師啊！我的脾氣很大，不知怎樣改正呢？」

昭引禪師會說：「這是瞋心引起的，我就跟你化這個緣，你把瞋心給我！」

再比方說：若有信徒兒子非常貪睡、懶惰，不論父母怎樣教化都無效，昭引禪師就到他家裡，把夢中的兒子搖醒，說道：「喂！醒來吧？我要向你化個緣，你把懶惰給我好嗎？你把貪睡給我好嗎？」若聽到別人家夫妻吵架，他也去，只聽他說：「你們不要吵架，把吵架給我好嗎？」若聽說某人酗酒，他就跑了去。說道：「我來向你化個緣，你把飲酒的習慣給我好嗎？」

昭引禪師畢生以化緣度眾，凡是他人的惡習，他都以上述化緣來教化對方，結果改變了許多人。

禪門有句「十方來，十方去」，意謂世間一切都要靠緣才能成就。不消說，建廟要靠十方大眾出錢出力，就必須化緣。所以，廣結善緣對於禪者不能等閒，倘若不能珍惜良緣，就是沒有功德，沒有福報了。

同理，銀髮族也要跟人廣結善緣，才不會孤獨寂寞，自怨自嘆，以至死時成孤魂野鬼，連親友也不敢來，將是多大的悲劇和敗筆。當然，依照俗人看來，昭引禪師那種化緣方式未免有些「雞婆」，不是凡夫所能做到，但它點出緣份的重要。有道是，人老要有三寶——老本、老伴和老友。而老友相聚無非靠自己能否跟人廣結善緣，和睦來往？否則，沒有老友交談聚會，許多心事無法傾吐，寶貴的經驗不能與人分享，肯定日子過不下去，不生病也會瘋掉。

有人說「美國社會是老人的墳墓」，原因是美國盛行小家庭制度，又有完整的老人福利，一般來說，兒女成年後都會離開家庭，各自出去升學或就業，婚後也仍以他（她）們自己的兒女為主，結果就與父母關係淡薄下來，縱使親子感情不薄，也基於客觀環境而疏離下去。加上美國地方遼闊，成年後的兒女為了生計而各奔前程，忽而東，忽而西，有時幾乎連絡不上，這一來，銀髮族自己要相依為命，彼此扶持，倘若不幸一方先走，而留下另一方，當然日子更加孤獨又寂寞，這時也更需要「老友」了。

當然，歲月無情。無常迅速，老友也會逐漸凋零，自己難免觸景生情，增加傷感。所以，老友要愈多愈好，增加朋友的秘訣，只有珍惜緣份，跟人結緣了。倘若昧於此道，就要趕緊設法，例如消除自己的孤僻，多參與社交活動，別讓自己囿於固有的小天地……。

美國是高度工商業社會，平時人人忙碌，爭時間、爭效率，年輕人和壯年人沒有一個例外，只剩下老年人孤獨在家或公寓，他（她）們非常需要友情談心，甚至還願意花錢請人到家裡來聊天，解除寂寞！當然，這要看個人的經濟能力來決定，如果經濟做不到，而又需要解除疏離與落寂，那只有靠交朋友了，而這也是廣結善緣的最佳落實和證明。

至於結緣方法，先要克服自傲和成見。例如我有一位師長，出身富貴家庭，自幼結交一群富家和官宦子弟，而且他的天資絕頂聰明，考上全國首屈一指的名校，畢業後又出國深造，學成回國不論從政和做事反而都不太順利，原因是他的生長與求學環境造就了他趾高氣揚，不屑與人為伍的脾氣，雖然大家都知道他的天賦與學識，卻都不想跟他交朋友，只能用「敬而遠之」來形容，他說話也很坦率，常常直指對方的短處，絲毫不給人面子，害得部下見到他避之唯恐不及。這一來，他的事業就頗不看好，一則孤掌難鳴，二則沒人給他出力；人非萬能，總會犯錯，一旦自己做錯，也沒人指正他，最後害得他固步自封，愈來愈孤獨了。退休後更沒人願意上門攀緣，而他也瞧不起別人，結果，他自然跟社會脫結了，自從他的另一半去世後，他也跟兒孫處不來，甚至連鄰居也不太跟他來往，可見他的心情有多惡劣，日子有多難過，最後在一個寒冷的夜晚，他就服下大量安眠藥自殺了。

人類本是社會動物，一天也不宜離群索居，小時候如此，而銀髮族甚至更需要親情、友情或愛情來關懷，縱使他（她）們身體還很硬朗，照樣需要人情來滋潤落寂、氣餒和沮喪。

例如，我有一位長輩親戚住在台北市某公園附近，雖然他是一個鰥夫，且喪偶多年沒有再續弦，看他每天過得蠻開心，沒有作業也經常找朋友聊天，偶爾也有朋友來訪下棋，一大早就去公園跟一群伙伴相聚招呼，反正他沒有空閒的心情，縱使有什麼憂戚苦悶，肯定也能這樣化解掉，難怪他活到八十五歲無疾而終，讓多少親友羨慕他「有福報」。

總之，廣結善緣的禪者智慧，也是銀髮族最能受用的法寶之一。

7·迎接新時代　不輸年輕人

這則公案的寓意很深，對銀髮族的啟發尤其值得肯定。內容如下，敬祈認真體會，必會有所悟。

且說白雲守端在楊岐方會禪師處參禪時，久久不悟，楊岐很掛念，也想方便開導他：一天，楊岐方會禪師問守端，以前可曾拜過誰為師呢?守端答說：

「茶陵郁山主。」

楊岐又問道：「我聽說陵郁山主是因為跌了一跤才開悟，之後寫一首偈，你可曾聽說過？」

白雲守端：「我知道，那首詩偈是這樣：

『我有明珠一顆　久被塵勞封鎖；

今朝塵盡光生　照破山河萬朵。』」

楊岐聽了便發出怪聲，呵呵笑著走了。守端目睹方會禪師的笑狀，深感奇怪，苦思不解。次日便跑去法堂請示禪師為何笑得那樣開心？

楊岐：「昨天你可看到寺廟前，馬戲班玩猴把戲的小丑嗎？」

守端：「看到了。」

楊岐：「你在某方面實在不如一個小丑。」

守端：「怎麼呢？」

楊岐：「因為小丑所有的種種動作，就是希望自己博得別人一笑，而你卻怕別人笑。」

沒錯，從前有傳統教條拘束，也有古老觀念作祟，使得大家一舉一動都不敢大意，連銀髮族也不例外。縱使心裡想做這個，也想幹那個，奈因限於諸多忌諱，深怕別人批評：「老不修」、「老得不像個樣子」、「教壞人子弟」……。當然，這個也不意謂銀髮族想做而不敢做的是「壞事」或傷風敗俗，而是不符合年齡的舉止，尤其鄉間風氣特別保守，一切標準也特別僵化，害得許多銀髮族羨慕年輕人享有更多自由之餘，不禁嘆說：「我們生錯年代啦，若晚生二、三十年有多好？」言下之意，自己的喜怒憂苦都不能表現淋漓盡致，也就是不得自主，很怕別人閒話或指指點點，顯然失去了自我，而有無限委屈和生不逢辰的感慨。

而今時代不一樣啦，上述的顧忌逐漸減少了，歐風美雨和東洋調子早已彌漫各地，真正邁入亞太航運中心，也認知地球村的時代來臨，致使銀髮族也不願落空最後一班車，慢慢迎合新思想和新潮流了。

不久前，台北市社會局主辦「銀髮族豐年慶」，地點在市府一樓中庭展開，吸引相當多銀髮族共襄盛舉，活動會場擺滿各類作品，老阿公、老阿媽們忙著跟來賓介紹自己最得意的大作，指導有興趣的民眾做手工藝。還有那群不服老的老阿公、老阿媽也在台上大跳馬格蓮娜舞，竭力伸展自己美姿和美儀的豐采。據說那群銀髮族無不用力扭著屁股跳舞，大方展現自己的才藝，有人在銀髮生活中想趁機為自己創造生命力，也有人想奉獻所長傳薪火。

別說台上的老奶奶跳得十分盡興，連台下坐輪椅的老爺爺也忍不住跟著動了起來。其中，恆安老人養護所有十多位老人坐在輪椅上表演期待已久的康樂，他們希望有更多機會走出養老院，感覺來自社會的熱情掌聲與肯定。

以前，我有一位親戚年輕時代的每年鄉運動會都得到長跑獎狀，年過七十還經常在鄉間道路獨自跑步強身。有人勸他說：「年紀一大把還跑什麼啦！」他就笑著答說：「不跑步腳會發癢。」後來，鄉人見怪不怪，而他也愈跑愈健康，快屆八十歲也仍中氣十足，毫不放鬆自己的餘興和特長，倘若他當年怕人譏笑而中止晨跑，恐怕身體早就不行了。

台南有一個老郵差，年輕時騎慣了自行車，也曾經靠它吃飯。退休前最喜愛登山，退休後沒人陪他登山，他就買了一輛跑車型的單車，從台灣頭騎到台灣尾，但還不過癮，最後騎到大陸去，那年他剛滿七十一歲，從西安騎到北京，共計一千八百多公里，充份顯得他老當益壯，不減當年的雄風，且也未辜負自己的豪情，可說玩得非常過癮。

報載美國一位老太太七十九歲生日以高空跳傘來慶祝。原來她一向愛刺激，當她自一萬三千呎高空躍下時，直喊「怎麼三兩下就結束了」。之後她還自滿地表示：「人老了，不見得不中用。」她由跳傘教練陪同做雙人跳傘，並有五十秒時間不張傘，以一百二十哩時速自由墜落……她說對所有刺激玩意兒都挺有興趣，包括雲霄飛車、三百六十度迴轉的旋轉椅，問題是找不到人陪她一塊玩。有了那次跳傘經驗，她打算去上跳傘課程。

我不禁尋思，如果她生長在台灣，恐怕對刺激玩意的興趣也不減，更不會在乎別人笑她：「不自重」或「七老八十還玩什麼啦！」

以前我常聽人說：「有花堪折直須折，莫待無花空折枝。」意在勸導年輕人把握機會，享受愛情的玩意，別到年老才懊悔，其實把意境稍微一改，也可勸導銀髮族說：「趁健康時多玩樂，別等到不能動才懊悔。」兩者的意思不一樣，但動機卻相同，希望銀髮族別辜負僅有不多的餘生，盡情享受各種時髦，只要膽大心細，動作謹慎就行啦！

總之，「快快樂樂過一生」要從虛堂禪師那句話開始，即「年年是好年，日日是好日」。

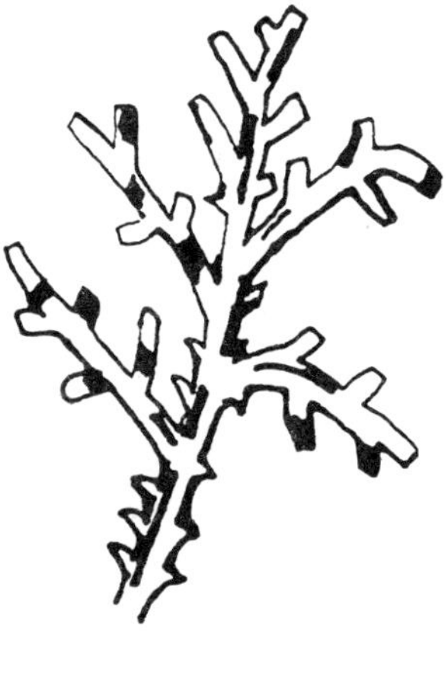

8．老人自殺　預防有道

不久前，我讀到幾則很意外的報載，內心既納悶又同情。主題是：台灣老年婦女自殺率是歐美的五到七倍；台灣老人自殺率為世界之冠；新加坡老人自殺率是青少年的十倍；美國老人自殺率有上升趨勢……。

總之，銀髮族的生存意志十分薄弱，在很不自然的狀態下，活得不耐煩，而選擇最下策來結束生命，說來怪可憐，其中原因殊堪玩味。例如，台灣長庚醫院某年做過一次調查發現，銀髮族自殺原因，主要是罹病心情鬱卒或因不願拖累家屬？換句話說，心理因素不可忽視，像台灣老婦女自殺出自「生理健康、心理絕望」。她們覺得沒有尊嚴寧願死……果真如此，那就得從心理改造開始對治了。

這方面正好可藉助於禪的智慧，例如，無德禪師的開示就是極好的例子——。

且說三個滿臉憂愁的佛教徒，某日去請教無德禪師怎樣才能活得快樂？有沒有秘訣呢？

無德禪師：「你們先說說自己活著是為了什麼？」

甲信徒說道：「因為我不願意死，所以我才活著。」

乙信徒說道：「因為我想老的時候，兒孫滿堂，會比今天更好，所以我才要活著。」

丙信徒說道：「因為我有一家老小靠我扶養，我不能死，所以我才活著。」

無德禪師：「你們當然都不會快樂，因為你們的活，只是由於恐懼死亡，由於等待年老，由於不得已的責任，卻不是由於理想，由於責任，人若失去了理想和責任，就不可能活得快樂。」

甲、乙、丙三位佛教徒異口同聲問道：「那麼，請問禪師我們要怎樣生活才能快樂呢？」

無德禪師：「那你們想得到什麼才會快樂呢？」

甲信徒道：「我認為有了錢就會快樂。」

乙信徒道：「我認為有愛情就會快樂。」

丙信徒道：「我認為有名譽就會快樂。」

無德禪師聽後，深深不以為然，就告誡信徒道：

「你們這種想法，肯定不會永遠快樂，只要你們有了金錢、愛情、名譽之後，煩惱反而會隨後佔有你了。」

三位信徒無奈地問道：「那我們該怎麼辦呢？」

無德禪師：「辦法是有，你們先要改變觀念，金錢要布施才有快樂，愛情要肯奉獻才會快樂，名譽要來服務大眾才會快樂。」

三位佛教徒聽了始知快樂的秘訣原來如此！

※　※

佛教徒耳熟能詳：「三界由心造」、「萬法由心」，意謂人的心是快樂與憂愁的總源頭，要喜要愁皆在一念之間。同理，自殺與不自殺也在自己的一念，若覺得人生乏味，百無聊賴，活下去沒有意思，這正是自殺的動力，非常要不得，雖說銀髮族年老體弱，容易百病叢生，若有堅定的求生意志，懂得生命的真諦，也照樣有活下去的樂趣與勇氣。

慈濟的證嚴法師不時去醫院探訪病患，總會開示他們要「病苦樂受」，用快樂的心迎接挑戰，不懼不避，而這顆堅定心正是生存的智慧與力量的源泉，也是禪者追求的理想。

以下是證嚴法師的談話，非常有意義，可供患病又想自殺的銀髮族領悟，藉此恢復生存的意願：

一位年輕人由於父親罹患肝癌，臥病在床想要見我（證嚴法師），所以來請我去和他父親見面。當時，這位青年的伯父、姑母等親人都在那裡。

他的父親坐在椅子上，身上用條繩子綁著，我問：「為什麼坐在椅子上還用繩子綁著呢？」

他說：「我父親已經有一年多沒有起床，現在坐也坐不住，不稍微綁著，人會往下溜，他很期待見到師父，因此，一聽到今天師父要來，他一早七點就坐在椅子上等。」

我和老人談了一些話，鼓勵他要振作。

當我告辭走出書房的時候，他忽然在後面大聲說：

「師父：我站起來了。」

一年多來，他不曾起床走動，在我和他談過話，鼓勵他的精神之後，他終於站起來了。

我回過頭，歡喜地對他說：「你要拿出這樣的勇氣來，我要走了。」

他執意要送我，當他送我到大廳時，告訴他兒子說：「趕快給我照張相。」

這時，他還將兩隻腳抬高給我看。

……他過去是個傑出的人，忽然間患了絕症，使他經不起打擊，因此，精神完全受制於身體：身體一病，精神也隨之崩潰了。經我一番鼓勵，他的力量重現，又站了起來，甚至可以走了出來。

他還告訴我：「師父，我的身體若是好起來，我一定要去醫院看看，只要我的身體能支持得了，即使是掃地，我都會很歡喜，我願意為醫院服務。」

※　※

這段故事凸顯：「心」病甚於「身」病，即使尚有呼吸、身體未到僵化，一旦心死了，無異一副行屍走肉，可知鞏固心防，恢復信心多麼重要。上述銀髮族自殺起自毫無生存興趣，這樣，只會加速身體衰弱，若已經患病在身，自然會提早終結生命。所以，現代心理醫生特別呼籲，照顧銀髮族不僅在身體，也要照顧他們的心理，例如他們在安養中心被照顧得十分妥善，有得吃有得睡，設施應有儘有，但他們卻埋怨何不早點死了算了。

表面上是三代同堂，銀髮族可以得到照顧，若兒女以為這是義務，或被迫而面露心不甘情不願的表情時，會使父母覺得自己是累贅，失去自尊，變得生活沒有意義，以致造成厭世心理。

報載一個美國家庭常有友人年邁的父母來訪，大家都被老夫妻愉悅開朗的心情感染，造成皆大歡喜的感人場面，事後得知兩老都是癌症患者，一是大腸癌、一是攝護腺癌，但兩老還是能照顧自己，活得很開心、很尊嚴。

專家們說，從老人福利的觀念出發，照顧者也要多多開發老人的心理機能，也就是求生意願的再增強、再催醒。這彷彿『碧巖錄』所說：「枯木開花卻外春。」一株乾枯的老樹，樹幹雖然長滿了青苔，蟠曲匐匍，好像爬在地上，但它會有一種活樹所沒有的神奇力量，只要有好機緣來，它也可以逐漸復甦過來。

銀髮族的心態正似如此，兒女們不能等閒或漠視呀！

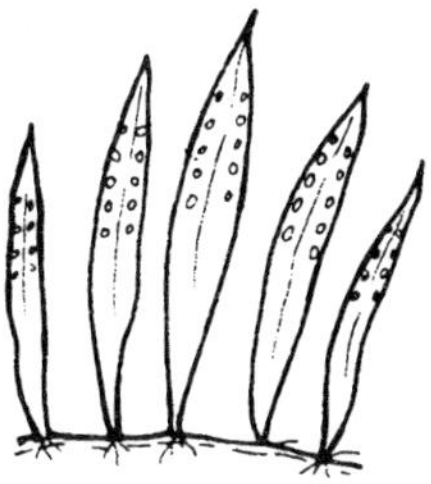

第二章

從禪道看銀髮族的「再」定義與「再」出發

9．捨我其誰 再獻智慧

下則禪話對銀髮族的啟示頗大，敬祈三讀，必能領悟——

大珠慧海禪師初到江西時，去參訪馬祖道一禪師。馬祖道一禪師見到大珠慧海禪師，即刻就問他說：「你從那裡來？」

大珠慧海就頂禮說道：「我從廣東大雲寺來。」

馬祖道一禪師又問：「你到這兒準備做什麼？」

大珠慧海禪師非常恭謹地說道：「來求佛法。」

馬祖道一禪師非常不客氣地開示他說：

「你不在家裡好好看顧自家的寶藏，偏要到外面亂走做什麼？何況我這裡一樣東西也沒有。你要求什麼佛法呢？」

大珠慧海非常惶恐地再問說：「請問我那有什麼自家寶藏呢？」

馬祖道一禪師說道：「就是你現在問道的心，這個本來就是具足一切，你剛才問道的心，這個禪心就沒有缺少什麼，就沒有失落了什麼，只是說，你要懂得使用它，它就會有無限的妙用。你何必又要向外去尋求別的什麼東西呢？」

大珠慧海禪師終於省悟了。

※　※

表面上，我們自家的寶藏即是真如本性，就在自己心裡，不需外求。若改在銀髮族的身上說，只要身心健康，自己也有一套年輕人所沒有的本事。亦非壯年所能及，許多事唯有銀髮族才能擔當，因為他（她）們生長的歲月比年輕人久遠，見識經驗比他們豐富，而這些連金錢也買不到，所以，銀髮族不必妄自菲薄，也不要低估自身的特長或優勢，社會仍需要他（她）們的再投入、再奉獻，但有時要改換位置，活用自己的餘生，所謂油盡燈熄，銀髮族一口氣尚在，自應尋求再發揮、再定位的機會呀！

前中研院院長吳大猷被尊稱為「中國物理學之父」，在中國物理發展史上，他算是第二代，當他九十歲生日時，曾經感慨說：「第一代早已凋零，第二代也大部份過去了，能對上一輩、同輩和後來中國物理發展說得清楚的，大概只剩我一個人了。」在此情況下，難道他不應「捨我其誰」嗎？否則，真正成了「後無來者」，沒有人會寫了。他又珍惜地說：「九十歲的人，體力一天不如一天，就剩頭腦還清醒，一天只能工作一、兩個小時……連散步也在室內……。」所以，寫中國物理學發展史「非他莫屬」，而他也在「全力以赴」哩！

報載一則趣聞，宜蘭有一位九十二歲的老阿嬤，一雙巧手能夠繡出三寸金蓮弓鞋。雖說現在沒有女孩穿，但近年來弓鞋已成為媽祖等神明的足下裝飾，可惜這種老技藝早已失傳，只有這位老阿嬤才懂得繡，連在日本和美國的寺廟也遠來央求她做，而這又何嘗不是老阿嬤再獻身手，當仁不讓的好機會？

可見上了年紀的銀髮族，先要從心理上重新定位，千萬不能自憐自艾，對自己擁有的成熟與經驗，要有百分之百的肯定，之後也可向社會推銷。

美國現在不景氣，所有公司都要有經驗、可以做事、能獨當一面，甚至要求一人可以身兼數職，而這些要求無形中對銀髮族求職成了有利條件。例如，美國著名的「假日旅館」，各州各地都有，他們的職工不少是八十歲者，公司認為這批銀髮族工作熱忱高，忠誠可靠，對公司業績有極大助益。結論是：「經驗是無法取代的」。

國人常說「夕陽無限好，只是近黃昏」，黃昏雖短卻顯得更絢爛，更迷人，也更有生命力。若以這個來譬喻銀髮族也很恰當，別以為自己年紀大，體力精力比不上青壯年，殊不知自己的精神武裝比什麼都重要，那就是珍惜當下、分秒必爭，誠如圓悟克勤告誡弟子說：「你們要看腳下。」還有孤峰覺明禪師也告訴訪客要「照顧腳下」，而道元禪師也說過：「步步是道場」，這些都意謂別想太多啦，只有眼前最重要，若改對銀髮族來說，即不必對年齡和往事太感傷、太留戀，那些都一去不復返；惟今之計，只有分分秒秒活得有意義、有價值才重要，甚至將一個時辰當做半天來活用，將一年光陰當做十年來發揮，那麼，這個收穫就可觀了，這樣生活就更充實了。

前幾年，世界各地掀起了一陣尋根熱，別說美國人紛紛去歐洲打聽老祖宗的源頭，連台灣也有成千上萬的張姓、李姓回去大陸找祖宗的發源地，找到後也都竭盡所能探訪最老的銀髮族，企圖從他（她）們口中獲悉祖宗三代的歷史，事實上也只有碩果僅存的他（她）才能如數家珍，侃侃而談前人的事蹟，其他青壯年那懂得皮毛。可證家中有一老，猶如「家有一寶」，不但後代子孫要尊敬，有事要請教，免得秘方秘錄要失傳，連他（她）自己也要自重自尊，設法傳遞香火，將生平的智慧和見解傳承下去，免得成了絕學，將是人類文化的損失呀！

不論帝王將相或販夫走卒，只要能活到一百年，都有其獨自的生活秘訣，一律平等，值得自傲，都應該有尊嚴地發揮出來呀！

寫到這兒，恕我再贅述一則禪話來提醒銀髮族要活用當下，珍惜眼前，以免造成千古遺憾。

日本親鸞上人九歲那年，便決心要去出家，於是親自央求慈鎮禪師為他剃度，慈鎮禪師就問他說：

「你小小年紀，為什麼想出家呢？」

親鸞：「我雖然只有九歲，父母早已雙亡，因為我不懂人為什麼一定要死？為什麼我一定要與父母分離？為了明白這個道理，我一定要來出家。」

慈鎮禪師非常讚嘆他的志願，說道：「我明白了，我答應收你做徒弟，不過，今天太晚了，待明天一早，我再來給你剃度。」

親鸞聽了不以為然地說道：「師父！雖說你明天要一大早為我剃度，但我年幼無知，不能保證出家的決心可否持續到明天？而且看你那麼大年紀，也不能保證明天早晨是否還能活著啊！」

慈鎮禪師聽了這話，忍不住鼓掌叫絕，滿心歡喜說道：「好極了，你說得完全正確，現在我馬上為你剃度好了。」

俗話說「人命在呼吸之間」，生理年齡如果快到極限，即所謂風燭殘年，氣若游絲，尤其要警覺這則禪話的旨意，現在不做，也許永遠沒有機會，如果猶豫片刻便可能從此無緣，你的優勢便成絕跡，你的智慧便要失傳了。

誠如陶淵明說：「盛年不重來，一日難再晨。及時當勉勵。歲月不待人。」禪者重視每一瞬，忽視當下一瞬，便可能懊悔莫及。

10．活到老學到老　生命會更豐富

四十年前，政府為了掃除文盲，就下令鄉鎮各小學開辦民眾補習班，免費邀請大批失學民眾利用晚間到小學來上課，他（她）們年紀一大把，不但有家庭子女和工作，且有些已經當了爺爺奶奶，也興高采烈到校上課或交交朋友，而當年的我也是擔任教師之一，偶爾聽到他（她）嘆說：「忘的比學的還快，從這隻耳朵進來，又從那隻耳朵出去，老了不中用啦！」「我還好，只要用心多讀幾遍，也還能勉強記得，不懂就問孩子，結果也跟得上孩子啦！」「記不牢是沒錯，但我一聽就懂，理解得比孩子快。」

說真的，人要讀書或追求新知都要靠記憶力、理解力、分析力……而這些也肯定受到年齡影響，誰也不例外，只是時間早晚和程度不同而已。換句話說，生理影響的個別差異蠻大，但也有一件極重要的因素來自「心理」，那就是有心與無心。如果有心學習、意志堅決，即使受阻於年齡老大帶來的阻礙也照樣能克服，且收效也可觀。何況，人要活到老，學到老，依我看，應該有下面兩種解釋：

第一、人生在世，境遇千變萬化，有時也會情不得已要學習各種生活技能和生存智慧，尤其現代資訊四通八達，儼然一個地球村，各類新知也層出不窮。如果拒絕或怠於接受，觀念和思考很容易僵化，這樣就容易落伍，跟社會格格不入，造成嚴重的代溝，對自己和家庭都不好。例如，現代人到處旅行，若肯學到一種國際語言，就很方便吸收新知，增廣見聞，豐富晚年生活。還有各類電腦天天出現，如果一竅不通，就無法分享科技時代無數新鮮玩意，這等於停留在十九世紀的生活圈，而不配活在二十一世紀，這樣頹廢和無知度晚年，豈非人生一大悲劇？

第二、記得某位生物學家說，人的器官與能力一直在循著進化論原理，就是「用進廢退」，意謂人類的頭腦、勇氣或求知能力……等若不精進磨練，就會倒退，以至萎縮成廢物或沒有。據說人類與猿猴很早很早以前始於相同祖源，人類也有尾巴，之後在漫長歲月裡，人類生活在平地，不必在樹上跳來跳去，用不著長尾巴，才逐漸萎縮，一直到消失。果真如此，人類的頭腦，包括記憶、理解、分析和想像等諸多能力如果早日收縮、棄之不用，那麼，最後下場不也會消失無蹤嗎？這樣有多可惜！多愚昧呀！

日本京都大學名譽教授大島清，也是著名的「腦與性」專家，他退休後出版一本書——『退休革命』，其中有一句重要的話「精彩人生，始於退休」，因為他退休後，致力於寫作和演講外，還向登山、腳踏車、游泳與西班牙舞等挑戰，親身落實「腦與性」的持續活動，結果發覺這是創造快樂人生的另一途徑。

他認為銀髮族若能對新鮮事物永遠保持好奇心又勇於挑戰，必會愈活愈年輕。他將「用進廢退」、「原始感受」、「原情情景」、「快感神經」、「咀嚼能力」等理論應用於日常生活，果然開闢一個自己的幸福天地。總之，他好心教導從職場退下來的人，怎樣改變人生、享受生活、豐富養生之道。其實，這跟禪道生活沒有太大不同哩！

所以，銀髮族有了上述認知以外，就要大膽抱持：「我偏不信邪」的執拗去克服生理限制，領悟「活到老、學到老」的真諦，便能得到意外的受用。

例如，中國古代禪師裡，法顯便是一個好榜樣。根據許多資料推測，他動身去印度求法時好像已經六十歲了。依那時代的營養和生活條件說，六十歲也算銀髮族了，而他年歲雖老，依舊有膽量克服百般困境去印度留學，也真夠偉大。若非心志相當堅定，顯然做不到。

銀髮族的法顯禪師身體接近衰老，按理說頭腦也有些僵化，說話變不方便，但他前後費時十四年才返國。從他的傳記看出有幾位同伴跟他一齊去留學。途中有人離去、死去，而他愈挫愈堅，到了印度刻苦尋師求學，到過許多地方，也帶回許多資料，不把老邁的障礙看在眼內，返國後翻譯不少經典，留下豐功偉業，不就是不服老的例證嗎？

『無門關』這本禪書有一則話說，一位石霜和尚問道：「從百尺竿的前端（悟道境界）要如何前進？」

古德長沙和尚答說：

「停在悟道界的人，雖說他悟道了，但還不能說他已經真正大徹大悟，如再從這個悟境往前求進步，那麼，他在這個世俗人間，就會顯現出全身。」

這也意指「百尺竿頭，更進一步」的人生觀。銀髮族只是身體不如年輕時代，白髮蒼蒼、牙齒動搖，但有更豐富的心智和更成熟的人生歷練，若肯配合這些條件再學習、再努力，那麼，成就和業績必然更可觀，情緒和精神也會更趨圓滿、穩定和自在。

台南市一家電腦班裡，擁有二十幾位銀髮族學生，居然興緻勃勃在學習「電腦」這門新時代的玩藝兒。他們統統戴著老花眼鏡，不時低頭抄寫，偶而望著銀幕，且認真傾聽比他們少說年輕一倍以上的老師。

其中一位吳姓爺爺的學生說，他要趕緊學會國際網路好跟在美國的兒孫溝通，也要跟日本的朋友連絡。依他看，學視窗並不難，只要回家看書就能跟得上。

李氏這對夫妻銀髮族說，活在知識爆炸時代，可以從電腦取得豐富知識，李奶奶甚至笑說：「如果趕不上，我想留班再來一次。」李爺爺聽不懂老師的操作指示時，會像個孩子似起立看看身後的張爺爺怎麼做，不勝敬佩說：「你好厲害哦！」其實，年滿七十歲的他，在班上還算小，有八十幾歲還來學電腦哩！

有一則報載，美國俄州大學歷史系一位女學生，年紀八十七歲，她常說自己比其他同學有更多人生經驗，因為她比他們活過更久，領悟會更深。她表示：「天下無難事，只要肯努力，一定會成功，而年齡不是問題，不會構成阻礙。」該校歷史系主任也給一段精彩的評語：「她各方面的功課與成績都很出色，經常熱烈投入課堂的討論，且常常提出問題，好學不倦之心，難以令人聯想到一名八十多歲的老太婆身上……。」

原來，她因為年輕家貧失學，而她雄心勃勃，沒有因年紀大而放棄學業，這也是另一個活到老、學到老的活見證。

我們不時從電視畫面看到英國皇太后的風采，看來像七十多歲，其實她已經高齡九十多了。最有資格的銀髮族成員，報載她有一項特質是，頗有冒險精神，對於新事物充滿興趣，例如，在她九十二歲生日那天，要去搭乘協和號噴射機，次年生日到歌劇院去觀劇來度過。

她有一位多年好友指出：「皇太后總愛向前望，從不向後看；她對什麼新鮮事都想學，不管自己有多大年歲。」可見她生命充滿活力與興趣。

再說她的衣著講究，背部永遠挺直，多年來形象只有少許改變，以她的年紀來說，皇太后的精力令人吃驚，她的官式應酬不少，出席大小場面從不推辭；私人生活也同樣活躍，她的住所也是社交中心，但她也愛到外地度假。

近年來，皇室家庭經常在婚姻上出問題，儘管外界指指點點。而皇太后仍處之泰然，從沒有口出怨言或公開表態。所以，皇太后給公眾的印象是高貴大方，從來沒有不適當的行為，始終保持英國皇室的尊嚴，故一直受到英國人民的愛戴……乍讀下，這位皇太后除了能活到老，學到老以外，又能做到老，樂到老，近乎禪者風範，可說是所有銀髮族的表帥。

世人常嘆說，半途而廢會前功盡棄，這樣非常惋惜，其實銀髮族不悟活到老、學到老，反而自認「老啦，還學什麼嘛！」來矮化和萎縮自己，就是未老先衰，提前拋棄生機，未免愚昧，應該反省和改正過來，而這也不是禪者的人生觀。

最值得一提的是，佛陀入滅前夕，一位高齡一百二十歲的外道叫須跋陀羅，平生無法體悟真理，而今乍聞佛陀可以替人解釋疑問，便走了很遠的路去求教。宿願已償後，喜不自盡，表示這一生沒有白活……這是銀髮族最該學習的對象。

11・長幼教化　得有秘訣

很意外地知道美國由於老年人的增加，而使四代同堂的家庭越來越多，這也意謂越來越多的兒童有機會跟阿公阿媽一起生活。現代人的壽命增長，活到八、九十歲也不算是罕見，而六十歲上下的人也有機會照顧老爸老媽，這一來，銀髮族的範圍就要再延伸、再定義了。總之，銀髮族可跟孫子和曾孫子作伴生活，就某方面而言，除了象徵社會的巨大變化和許多因緣促使以外，也多少代表人生的一種喜訊，因為可讓銀髮族享受更多人情味，即儒家所謂含飴弄孫或兒孫滿堂的天倫之樂，這是普天下銀髮族求之不得，喜不自盡的宿願。不消說，小孩子也可藉機認識祖父母和曾祖父母，進一步培養他們的感恩心，減低工商社會帶來的疏離感和淡漠態度。所以，四代同堂是喜事一樁，也是所有銀髮族所樂見的事。

在台灣，因為安養中心或退休村等設施尚未普遍，加上養兒防老的傳統還沒有完全消失，兒孫奉養爹娘和更老的阿公阿媽無疑責無旁貸，四代同堂並不稀奇，當然，他們也有機會看到更多後代子孫，樂不可支也不在話下。

仔細一想，老幼相處或祖孫同伴是很藝術的，若要相處圓滿，互相歡喜可也不是那麼簡單。但關鍵在老人家的思想觀念，例如，時代不一樣，家庭教育也有今昔不同，老年人若昧於這個因緣變化，結果不但不能受用含貽弄孫之樂，反而被兒孫看作「老頑固」或「討厭的老人家」，最後敬而遠之，甚至想「最好不見面」，這是多麼不幸，多麼苦惱。

我認識一對銀髮族偕同一個讀高中的孫女同住，祖孫處得很不愉快，祖父母不時埋怨孫女脾氣古怪，很不聽話、常愛往外跑、不認真功課、交友頻繁……，而孫女反怪祖父母太呆板，頭腦老舊、不懂年輕人心理、愛得太多……。其實，這是常見的代溝或觀念差距，親子尚且存在，遑論祖孫之間!?他們的原因則比較不單純，因為這對銀髮族的獨生子在外地經商，結婚生下一女後就離婚，再婚又生下幾個兒女，他自己平時忙於事業，後妻不疼前妻生的女兒，他就將這個女兒送到自己父母親身邊，一方面請父母協助教育，二方面也給父母陪伴，當然用心良苦，也是一番善意，表面上兩全齊美；無奈這個女兒逐漸長大，慢慢理解自己父母的情狀，就忍不住常向爺爺奶奶說道：「為什麼爸媽要離婚？媽媽有什麼不對？她去那裡了？為什麼也不回來看我？……」諸如這些都無法從爺爺奶奶口中獲得滿意的回答，日子一久，成長中的孫女也愈變愈彆扭，雙方的意見愈來愈不同，結果，自然相處不愉快，且雙方都沒有妥協的意思，好像有愈來愈不樂觀的發展……。當然，這個悲劇原因完全不在小孫女，勿寧說，她才是受害者，也是更大的悲劇者之一，反而身為銀髮族的爺爺奶奶要花更大心血去勸誘、教化和栽培才對，豈可一味指責小孫女這個不對、那個不好？而完全昧於因緣果報，不知始作俑者是誰？

新竹市有位八十五歲，中風坐在輪椅上的陳老太太，兒媳因故去世，留下一個孫子和兩個孫女，經濟來源雖可無憂，但那個年僅十六歲的寶貝孫子。卻不好好上學，經常在外面鬼混，最可惡的是，他還長期凌虐老奶奶，例如，他若向老奶奶要不到錢一定會打她，有時用梳子打她臉頰、有時用香菸頭燙她，甚至用力捶她的胸口，她痛得哀嚎，就用衛生紙塞住老奶奶的嘴……。市政府社工人員就陪同她到地檢署按鈴申告了。當然，有這種惡果必有其惡因和惡緣，不是三言兩語可以講得清楚，但問題的焦點仍在祖孫漫長的相處期間點點滴滴累積而成，可見其間相處之道和教養秘訣有多重要，又有多難拿捏呀！

反之，祖孫相處和諧的例證也不少，那是靠無數善因善緣和合，才能得到的善報。環視周遭，銀髮族自己去求證，必定不會失望，此外，也請銀髮族參考無德禪師的風範，也能得到寶貴的啟發。

有一個年輕的兒童，年才七歲，但常常找無德禪師，愛和他東南西北地亂說一通，而無德禪師反認為這個童子機智不凡，出言吐語帶有一些禪味。有一天，無德禪師對他說道：

「老僧每天很忙，沒有時間常跟你在這裡辯論胡扯。現在和你再辯一次，假如你輸，你就要買餅供養我；假如我輸，我就買餅和你結緣，如何？」

童子聽後就說：「好極了，那請師父先拿出錢來。」

無德禪師說：「最要緊的是辯勝才要錢，辯勝當然不成問題，首先假定我老僧是一隻公雞。」

童子說：「我是隻小蟲兒。」

無德禪師馬上說：「啊！你是小蟲兒，你應該買餅來給我這隻大公雞吃了！」

童子不認輸，爭辯說：「不可以，師父，你要買餅給我才行，你是大公雞，我是小蟲兒，我見到你時，我可以飛走，因為師徒之間不可以爭論的！那你不是輸了嗎？」

無德禪師抓住童子的手，立刻就引來許多民眾，只聽無德禪師說：「這個問題跟戰爭、政治相同，假如一般衙門不能判斷，就必須請村民來裁決，這裡有三百村民，其中不能說誰都沒有擁護者，大眾呀！請你們為老僧和童子判斷一下吧，我們賓主之間誰有理？」

大眾不能判斷，於是無德禪師認真而莊嚴地說道：「必須是睜眼睛的禪師才能判斷。」

三天後，全寺的人才注意到，無德禪師悄悄去買個餅送給那七歲的童子。

不消說，禪的爭論無所謂勝敗，只有迷悟而已。這則禪話指出一位老僧也能跟童子鬥嘴辯論，有聲有色，之後又買個餅獎勵童子，不失老者的人情味，反映一副老少樂的情景，這樣友好相處、持之有恆，怎會生出惡果來呢？絕對不會的。

還有良寬禪師的做法也頗不尋常，能屬愛的教育，但用含蓄暗示，彰顯慈祥的心意，反而收效可觀，也不妨提供銀髮族做為教育兒孫的參考。

良寬禪師畢生修行參禪，從未稍懈一天，當他年老的時候，從家鄉傳來一個消息，說他的外甥不務正業，賭吃玩樂，快要傾家蕩產，家鄉父老，希望這位禪師舅舅能大發慈悲，救救外甥，勸他回頭是岸從新做人。

良寬禪師終於為鄉情所感，就不辭辛苦走了三天路程，回到童年的家鄉。良寬禪師終於見到多年沒見過的外甥了。這位外甥見到禪師舅父，喜不自盡，就留舅父過夜了。

良寬禪師在俗家床上打坐一夜，次晨離去的時候，就對他的外甥說道：「我想我真是老了，兩手直在發抖，可否請你幫我把草鞋帶子繫上？」外甥非常高興助了他一臂之力。良寬禪師慈祥地說道：「謝謝你了，你看，人老的時候，就一天衰似一天。你要好好保重自己，趁年輕的時候要把人做好，要把事業基礎打好。」

禪師說完話後，掉頭就走，對於外甥的非法行為，一句不提，但從那天以後，他的外甥再也不花天酒地去浪蕩了。

所謂「對症下藥」者，通常一藥剋一症或對治相關幾種症狀而已，不能一藥醫百病，每種病症起因和演變（因緣）不相同，故不能以偏概全，一通全通。銀髮族可以觸類旁通，從此領悟教子教孫的訣竅，而不必依樣畫葫蘆，拿這去對待生性頑劣或桀傲難伏的兒孫晚輩。佛教有八萬四千法門，意指八萬四千種教化方法，而條條方法皆可達到教化目的。

12・為善最樂　中外皆然

那幾年，我在洛城開一家汽車旅館，曾經碰過幾件難忘的事。例如，一位名叫格里的美國老太婆，每週兩三次替市政府社會局跑腿。因為我們跟社會局訂契約，每週保留多少間空房給流浪漢住宿，費用由社會局支付，而那位年約八十歲的格里擔任雙方的連絡人，但見她每次送資料和糧食，都是大包小包要我們轉贈給流浪漢們，且都在午後一兩點的時刻，中午不休憩反而興緻勃勃，彷彿非常滿足的樣子。

一次，我不禁問她說道：

「你何苦這樣勞碌呢？待在家看電視不好嗎？美國電視台既多、節目又豐富，很好打發時間……。」

格里聽了不以為然，反而得意地表示：

「我幹麼要那樣過日子，我就喜歡在外邊跑，你知道我開了六十年車，從來沒有拿過一次罰單，我覺得蠻驕傲。」

接著，我乾脆打破沙鍋問到底，再好奇地問她：

「市政府給你多少月薪呢？」

只見她舉手一擺，滿臉嚴肅地答道：

「我兒子當醫生，女兒當教授，自己有退休金，幹麼還要拿政府的錢。只有窮苦人才該拿呀！」

這一來，我格外地敬佩她七老八十，還充滿熱心為別人服務。雖然她自稱基督徒，卻連星期天也沒空上教堂，反而布施時間、精神，扮演佛教善知識和老菩薩的角色。

後來，我結束汽車旅館，改換另一種工作，待在家裡時間較多些，每天早晨和傍晚到附近散步。剛巧不遠有一所小學，學生上下學跟我散步時辰差不多，每當我漫步到校門口前，總會目睹一個老白人手舉一塊木牌，站在十字路口攔阻來去的車輛，方便學生通行，看他表情那樣歡喜，眼神那樣得意。沒有學生走來，就坐在路邊一棵樹蔭下，那兒早已備妥一張塑膠椅子，我每次走到這裡，都會不自覺向他招呼一聲：「哈囉」，並微笑表示問候。一天，我不禁好奇問他：

「你是學校的僱員嗎？」

「不是。」他微笑搖搖手。

接著我又問他拿薪水嗎？他也同樣微笑搖搖手，並向我坦述他看到活潑的學生太可愛，自己有兩個小孫子也在這裡上學，趁機也可以看到他們，尤其自己已經退休，寧願來當這份義工，也比待在家裡無聊好過日子……。

還有我現在的退休公寓面積頗大，許多小徑彎曲在花圃之間，停車場也不小，加上人行道等空地，少說等於好幾百坪。每天大清早起，習慣掀開窗簾向外一瞧，都會看見一位美國老人名叫「健」，默默在打掃、撿紙屑和遭投棄的瓶子。照我估計，全部掃完大概要費一個半時辰。有時下雨也看他撐傘在撿垃圾。我在尋思，他可能是公寓的僱工吧!?一天，我忍不住問他確認自己的猜測，不料，「健」說是志願的，免費的……又有一位美國老婦人叫做瑪莉，每逢週三和週末下午，都在公寓會客廳自願教人讀英文，沒錯，這裡不乏東方來的銀髮族不懂英語，彼此溝通有困難，交友不方便，瑪莉年輕時代當過中學教師，她本著昔日的愛心又在此免費重拾教鞭了，看她上課一本正經，誦讀聲音特別宏亮，令人不難猜想她的熱忱，也樂意與她分享學習的快樂。禪者強調給人歡喜，給人快樂不是唱高調，讓我居然從這幾位美國老人身上看見了，著實令人感動與讚嘆。

偶爾讀到一則台灣的報載，台北縣萬里鄉有一位方姓的百歲人瑞，曾經擔任過一甲子的鄰長。屈指一算，他從日據時代開始，光復後持續至今，超過六十年從未與民眾發生爭吵……我心想，他擔任鄰長替村民服務的日子比我的年齡還要長，我還沒有出娘胎前，他就是鄰長伯，不愧是長輩中的長輩，怎麼不令人尊敬。

類似這些熱心服務的銀髮族，在禪門也多得很。例如：

峨山禪師是白隱禪師晚年的高足，峻機妙用，大振白隱的禪風。後來年老時，在庭院整理自己的被單，信徒看到覺得奇怪，便問道：

「老禪師！您有一大群弟子，這些雜事何必親自整理呢？」

峨山禪師說：「雜事，年老人不做，那要做什麼呢？」

信徒說道：「年老人可以修行呀！」

峨山禪師非常不滿地反問道：

「你以為處理雜務就不是修行嗎？那佛陀為弟子穿針引線，也為弟子煎藥，又算什麼呢？」

信徒終於明白禪在生活的意義。

沒錯，佛陀晚年為弟子穿針煎藥的事情，都在經典記得很明白，詳情這樣——

有一次，年邁的佛陀經過比丘的房舍，親自伸手開門，走進比丘們的禪房，居然看到一名比丘生病躺著，並沒人去理會他，連大小便都在床上，根本不能起床站立。佛走向他說道：

「你怎會這樣子呢？難道沒有人來看病嗎？」

那位患病比丘答說：

「尊者呵！我生性懶惰，以前看到別人生病，我不曾照料他。因此，我現在得到相同報應，即使病在床上叫苦，別人也不會來照料我了。」

佛陀說：「既然這樣，現在由我來替你看病好了。」

接著，佛陀用淨水灌注病僧頭上，再用左手拭去病僧的腫瘡。片刻後，病僧的惡瘡一一痊癒了。

還有一次，一位瞎眼比丘正在摸索著要縫衣服，不小心把針掉在地上。於是，他說：「誰要修福積功德，給我穿針引線呀？」佛陀剛好走來，就告訴瞎眼比丘：「我來給你穿針引線。」對方聽出是佛陀的聲音，馬上向佛陀腳頂禮下拜，並說：「佛陀的功德夠多了，怎麼還要修福和積功德呢？」佛陀說功德可以無止境，果然幫瞎眼比丘穿線了。

事無大小，亦不論對象，在能力範圍內幫忙人家不會錯，銀髮族不應計較太多。

13·忙出樂趣　沒時間老

英國前首相柴契爾夫人是全球家喻戶曉的「鐵娘子」，不僅政治上手腕強硬勇於任事，且在退休以後依然忙得不可開交。在她生命中，再三強調：自己沒有「退休」兩字，因為退休代表退化，而退化即是凋萎的象徵、死亡的前奏。所以，她看來仍然神采飛揚，忙得不亦樂乎。那年，她應邀來台北，有位記者問她怎樣安排退休的生活呢？她答得非常睿智：

「在每一扇門關閉的時候，生命中必有另一扇門開啟。我現在很忙，很多方面都還沒有接觸，我去過美國，也去了德國，還有很多國外旅行等著我。另外，我在倫敦還要見很多人，我並不空閒，我從來不認為自己已經退休了。」

所謂「能者多勞」，她就是活見證，因為她的才華得到充份的施展。倘若人生是一幕戲，那麼，她扮演一個有聲有色的角色。且能讓無數觀眾敬仰與感動。

台灣的經營之神——台塑王永慶董事長何嘗不一樣？在他八十二歲那年，台塑運動會上居然能以四十二分鐘跑完五千公尺，在一大群台塑員工面前展現老當益壯之外，平時也忙得團團轉，一下飛去美國看工廠，一下在大陸考察漳州發電廠，一下在台灣忙「六輕」……好像全球各地都有他的企業和足跡，只要他忙，就肯定有錢賺，員工的年終獎金也不用愁，反正以「大忙人」來形容他是無可置疑的。

星雲大師曾說：「我不擔憂年老，也沒有時間老。」

原來，一位在外參學多年的弟子，回來向大師銷假時，驚異地說道：「師父！您怎麼一點也沒有老？」大師回答：「因為我沒有時間老呀！」接著，大師也對「老」有一番精彩的解說：

「老最怕是心力的衰退，而不是年齡增加，有些人雖然年紀輕輕，心卻已經老了，所以便坐以待斃，如行屍走肉般生活在世間，有些人儘管滿頭銀髮，卻精神飽滿，老當益壯……我恨不得一天當一年用、一週當一世用，只覺得時間太少，怎會有時間老呢？」

沒錯，這段話可媲美以色列那位梅爾夫人，年屆八十，仍在烽火中折衝樽俎，她也這樣自豪地表示：

「我從不擔憂年老，年老就像飛機在暴風雨中飛行，你既然無法阻止風雨，也不能停止飛機，所以不如樂天如命，讓它飛吧！」

這是禪者的智慧——生老病死即自然律也。

我讀到一篇報載，感動之餘，立刻剪下來影印好幾份，分送給一群銀髮族朋友分享。

大意說，一位八十五歲的美國女明星，名叫瑪莉亞，而今雖然離開演劇生涯好長一段日子，但她依然忙得很充實，那份歡喜不亞於當年在舞台上受萬人喝采的情形，且天天如此。原來，她喜歡交朋友，每天門庭若市，九流三教的友人都來訪，讓她忙於接待和談話。星期天也必定開車三個小時回故鄉度假；在那間老屋子裡，親自處理家務，忙著剪花除草，埋首作園藝。

三年前，在一次不幸的車禍中，她傷了足踝，但她仍舊不放棄許多嗜好——打網球、游泳和出海，活躍程度不遜年輕人。

每逢星期一早晨，她一定會駕車返回寓所，且習慣將木柴放到車廂內。倘若在夏天，她會滿載自己採來的鮮花回去。冬天來時，她會親自到屋頂鏟雪，防備屋頂漏水，這些粗活不但使她省下一些開支，也能增進她的健康……乍讀下，她不太像個老女人，依中國傳統的解釋，她何苦這樣忙碌，不待在客廳看電視、簡直頭腦「秀逗」嘛！殊不知生龍活虎的她，根本忘了自己是個銀髮族。

許多壯年人感嘆天天忙於事業、子女和家庭，疲於奔命，巴不得退休後可以不忙，好好休息……但依心理學家指出，如果退休後不必一早要出門，強迫自己去上班，結果天天就過得迷迷糊糊，窗簾一直放下，白天又不常外出，這一來，人反而會變得更累，夜晚又睡不著，當然也起得晚，白天會打盹、睡覺品質奇差，最後會傷害身心。結論是——忙碌的益處多於壞處，對銀髮族尤其不能漠視。

說真的，人生字典裡不該有「退休」兩字，頂多從工作崗位換下來，從劇烈與勞力性的作業性質，改成比較軟性那一類，例如，社會服務或個人志趣。人本來要活動，有「動」才有「活」，不「動」就不能「活」。例如，去年夏天我去紐約一家博物館參觀，當時有位七十五歲的美國老太太在當義工，一下跑東一下跑西，看她動手動腳又動口給訪客服務到家，而一點兒也沒露出倦態，讓所有參觀者由衷地敬佩她那股不服老的幹勁。

世人耳熟能詳佛教創始者——悉達多王子在菩提樹下證悟成佛時，年僅三十五歲，適值壯年期。之後他到處弘法、教示眾生，直到八十歲才入涅槃。其間，他可說馬不停蹄，沒有空閒過，即使碰到印度的雨季不便外出時，也住在精舍裡教導徒眾，甚至在他入滅前夕也把握最後一刻，向一位名叫須跋陀羅的年老外道開示，結果也收他做了最後一個弟子。可見他分分秒秒都活得有意義，都在散發慈悲心和人生的智慧。如果他偷懶幾個月或提早退休下來，難道會有豐富的佛法留下來嗎？會影響以後幾億萬的人嗎？

中國人常說年老要享福，須知享福的涵義不排除「忙」字，例如，「忙得不亦樂乎」，佛光禪師便是一個好榜樣：

佛光禪師門下有一位弟子叫大智，出外參學二十多年後歸來，正在法堂裡向佛光禪師述說自己在外參學的許多見聞，佛光禪師總以勸勉的笑容傾聽著，最後大智問道：

「老師，這二十年來，您老一個人還好？」

佛光禪師道：「很好！很好！講學、說法、著作、寫經，每天在法海裡泛遊，世上沒有比這種更歡欣的生活，我每天忙得好快活。」

大智關心地說道：「老師應該多一些時間休息。」

夜深了，佛光禪師對大智說道：「你休息吧！有話我們以後可以慢慢談。」

清晨在睡夢中，大智隱隱中聽到佛光禪師在禪房傳出陣陣誦經的木魚聲，白天佛光禪師總不厭其煩地對一批批前來禮佛的信眾開示、講述佛法。一回禪堂不是批閱學僧心得報告，便是擬定信徒的教材，每天總有忙不完的事。

好不容易看到他剛與信徒談話告一段落，大智禪師馬上爭取這一空檔，搶著問佛光禪師道：

「老師！您在這二十年來仍然每天生活這樣忙碌，我怎麼不覺得您老了呢？」

佛光禪師說：「我沒有時間覺得老呀！」

大智禪師聽到「沒有時間老」，似有所悟了。

禪者的生活態度正是這句話，即孔子所說：「發憤忘食，樂以忘憂，不知老之將至，」銀髮族若能領悟它的精諦，肯定也像還老返童，根本忘了自己是銀髮族。

14．正確領悟　歡喜餘生

這則禪話頗不尋常，可說對天下銀髮族的重要喊話，有人眼前尚未碰到，但遲早一定碰得到，到時候別忘了拿出來活用，保險可以逢凶化吉，得到自在，非常平安。

德山宣鑒禪師是四川劍南人，前訪龍潭崇信禪師處參道。當德山禪師初到龍潭的時候，因為受點心婆子的教訓，似乎牢騷滿腹，在山門外大聲叫道：

「說什麼聖地龍潭，既不見龍，又不見潭。」

崇信禪師在山門內應道：「其實，你已經到了龍潭。」

德山禪師聞此應聲，當下契悟。之後，德山禪師就隨侍在龍潭崇信禪師處參禪了。

一天夜晚，德山禪師站在崇信禪師身旁，久久不去，龍潭禪師說道：「時間已經不早，你怎麼不回去休息？」

德山禪師向門外走了幾步，回頭說道：「外面天黑。」

龍潭禪師點了紙燭給德山禪師，德山禪師正想用手去接，龍潭禪師一口氣又把紙燭吹滅，德山禪師當下大悟，馬上拜在龍潭禪師座下，良久不起，龍潭禪師便問道：

「現在一片漆黑，你見到了什麼？」

德山禪師說道：「弟子心光已明，從此不再疑天下老和尚的舌頭了。」

德山禪師悟道後，侍奉龍潭禪師三十餘年，八十四歲圓寂。

上文指出人要相信自己、肯定自己，反過來說，凡事不可依賴別人，一切要靠自己，德山禪師目睹燭光吹熄，立刻悟得「心燈亮了」，便是這個意思。

想當年一見鍾情，接著互訂終身，花前月下誓願不但要白頭偕老，甚至一人先去，自己也痛不欲生，不願獨活……其間相處一輩子，互敬互愛、憂樂與共，好不容易才把兒女養大，正在含貽弄孫之餘，不料，無常一來就擄走了另一半，那麼，留下來的人傷心淚盡、哀慟欲絕也就不在話下。

這時候，不論矜夫寡婦都要面對這個冷酷事實，說來簡單，若無相當的智慧，恐怕不易面對，幸有這則禪話提供了這個面對秘訣——往後要靠自己，因為終身依賴的另一半已經走了，永遠不再出現了。

記憶裡，父親和母親早年憑媒婆之言結婚，奈因家無橫產，又無固定工作，上有母親、下有子女，一輩子都很坎坷，爭爭吵吵的情況時有所聞，到了晚年才比較罕見。父親八十歲去世後，母親的心情顯然變化很大，從此就不太願意隨著家人出去玩樂，話也不再多說，總喜歡獨自搬一張椅子坐在大門前，一下看電視、一下望著門外或天邊，不然，就在椅子上吊一個塑膠袋，裡面全是她少女時代的照片，和我們小時候跟父親的合照，而這些照片無疑可以喚起她許多美好的記憶，她的心情好像全都投射在照片或回憶中。

這樣又過了幾年，她的身體愈來愈不行，生活意志也隨之薄弱，當然，這是銀髮族們司空見慣的情狀，但從母親的例子來說，父親過世是迫使她生活突然下降的分水嶺，看她總是對什麼都沒有興緻，一向愛聽歌仔戲的她，也似乎不再有多大嗜好了，可見父親的消失對她是多麼重大的打擊，而這恐怕不是外人或子女們所能理解的。不論怎麼勸她，好像也都不太起作用，所謂「哀莫大於心死」，我從母親晚年的生活看得很清楚，但也幾乎「愛莫能助」。

據說美國已故總統尼克遜一生宦海起伏，飽嘗各種辛酸打擊都不改英雄本色，不畏不避，更不曾掉落一滴眼淚。只有他老妻去世，才讓他放聲大哭，傷心不已，可知他不是鐵人，但他後來又活了好幾年，孤獨度過晚景，也投身社會公益活動，總算是個明理的老翁。

我婚後住在台北永和市竹林路，隔壁一對老夫妻靠賣粽子為生，只有一個已經出嫁的女兒，老夫妻當然相互依靠。一天，老公公突然心臟病去世，老太太哭得死去活來，出殯後，我們仍會聽到她家在深夜傳來的哭泣聲，一直持續一個多個月，到了圓七那天，老太太竟然無疾而終，隨丈夫九泉之下了。鄰居們猜測她可能傷心至死。紛紛憐憫她太看不開，也太傻、太癡情、太懦弱……因為她身體蠻硬朗，經濟也過得去，平時跟鄰居們相處和諧，日子應該可以充實、有意義，按理說應該再活幾年才對，但她完全失掉生存意志，不論怎麼說都是不明理的……。

我讀過幾篇「老年期病態性哀傷反應病例」的報告，始知許多銀髮族失去情緒依戀多年的對象，會常以身體不適來表達說不出的哀傷，或陷入對老伴的深沈思念中，即使外表看起來不太哀傷，但有時會以自殺、生病住院或酗酒來表達。

不消說，配偶過世會連帶使銀髮族的經濟、家庭地位遭到困難，那麼，為人子女和家人要努力分擔老人的哀傷，或協助他（她）建立新的人際關係，但最重要的是醫治他（她）的心病，這時候，銀髮族自身也要竭力節哀建立自信，堅強地過完以後的日子。

醫生說，銀髮族喪偶後有許多心身症，例如，憂鬱或焦慮，尤其容易發生在男性身上，這可能和男性較會壓抑情緒，摯友較少，又拙於家事照顧自己有關；果真如此，那不妨用心體悟禪師的開示，不難排除內心的苦悶。

再說我認識的一位張老奶奶。她在半年前張爺爺去世後，悲傷好像很快就過去了，也跟鄰居們談笑如常，但一年後，她開始抱怨胸口灼熱、失眠、厭食、容易緊張。看過幾位醫生也始終看不出所以然，直到有一次才聽她告訴好友說，她很想念以前兩老相伴的時光，並悲泣不已……

還有一位七十八歲的李老先生是一名退休建築師，和妻子結褵半世紀，兩人一起逃難、養育子女，且生活細節都一直靠妻子照料。但有一天陪著妻子去逛百貨店時，妻子突然滑了一跤，跌成昏迷、沒幾天就去世了。李老先生替妻子辦完風光的喪禮，卻不斷自責沒有好好注意太太的安全，而開始變得焦慮，也擔心自己未來三餐沒有著落，怕吃錯藥，甚至三天兩頭去銀行查帳……。

諸如此類都是喪偶的後遺症，那麼，最好的心藥仍是德山禪師那段領悟，即一切靠自己。只要有這信念，才能活得踏實自在。

世上芸芸眾生，即使形影不離的夫妻亦然，每人的生死因緣都不一樣，千萬不該誤解「不能同年同日生，也要同年同日死」，那是別種的解讀，動機不一樣，而今另一半走了，愛念之餘，何妨利用餘生盡量完成他（她）的遺願，讓對方死也瞑目，才是真正愛情的詮釋。

自立自強、歡喜過完自己的餘生，才是正確的生活態度。

15・弦外之音　不能替代

道謙禪師與好友宗圓禪師結伴到名山大川、叢林道場參訪行腳，在途中宗圓因不堪跋山涉水的疲困，因此幾次鬧著要回家。

道謙禪師就安慰他說道：「我們自從出發以來，已經可以說走了很遠的路了，現在就回去，半途而廢，不但給別人見笑而且實在可惜。這樣吧！從今天起，一路上如果我能代替你做的事，我一定為你代勞，但是，只有五件事我幫不上忙。」

宗圓就問道：「那五件事呢？」

道謙禪師說：「這五件事是穿衣、吃飯、大便、小便及走路，不能幫你的忙，此外你什麼事叫我做，我都可以代勞的。」宗圓聽了終於大悟，從此以後再也不敢說辛苦了。

世間沒有不勞而獲的東西。萬丈高樓從平地起，萬里路程一步始。生死煩惱別人絲毫不能代替，一切要靠自己。

有信徒問趙州禪師：「參禪要怎樣子才能悟道？」

趙州禪師站起來跟他說：「我沒有空回答你，我現在要去小便。」趙州禪師走了幾步，再回頭對信徒說：「你看，像小便這樣一點小事，還得要我自己去。」

（抄自『星雲禪話』第五集）

禪話的旨趣強調：「不能代替」，有些事必須自己承擔，絕對無法用錢財、權勢、命令、親情，懇求等方式請人替代，這是人生最平等的事，不但總統、部長、總經理、教授……如此，連乞丐、小老百姓等升斗小民也一樣由自己負責，推也推不掉，有了這種領悟，就得明白那些事情要慎之於始，才好作心理準備。

例如，佛教強調眾生平等，生老病死就是不能替代，人人都得自我承當，還有身、口、意等造業，誰若造了惡業，別人也幫不上忙，一切後果要由自己負責，所謂自食惡果或自作自受，當如是也。雖說黃泉路上無老少，死亡不一定按照年齡順序，但不可諱言的，銀髮族比較會首當其衝，那麼，面對這種殘酷的事實，正是誰也不能代替，儘管平時可以指婢喚奴，僕傭如雲，但他（她）們最多也只能陪葬，而絕對不能讓你免死，結果還得由自己親自向閻羅王報到。

誠如『無量壽經』說：「人在世間愛欲中，獨生獨死，獨去獨來，當行至趣苦樂之地。」而這也如禪宗所謂「個人吃飯個人飽，個人生死個人了。」的意義。

既然「不能代替」，就意謂「自己」的重要。佛陀非常重視「自己」，例如，他某次在路上因天氣炎熱，就坐在樹下休憩。突見一群年輕人走來東尋西找，不禁問佛陀說：「有沒有看見一個女人逃到這裡來？」佛陀詢問後，始知他們都是附近的良家子弟，相約帶著妻子到這裡玩耍。其中一個未婚青年，就偕同一名妓女來參加。不料，她趁大家不防備時偷走許多財物，致使那群年輕人追尋到這裡來。

只聽佛陀說：

「年輕人呀！你們以為找回逃走的女人重要，還是找回自己重要呢？」

一位年輕人答說：「當然找回自己重要。」

「好吧！你們坐下來讓我來教導你們怎樣找回自己。」

大家果然坐下來聆聽佛陀的教化了。

「不能替代」的另一項啟示是，生活要儘量自立，不要太依賴別人。當然，身體平時要保重，別忘了一旦臥病在床，長年無孝子，醫藥負擔也非小事。還有心理自立也不可等閒。例如，一位退休公寓的銀髮族朋友嘆說：「在公寓裡，我是個單身貴族，環境很安靜各不相擾，關上門就可以不見任何人，有病想喝水要自己倒，上廁所也沒人扶……夜深人靜，燈光閃閃，顧影自憐，像蠶食桑葉一點一滴在啃嚼自己的心。雖未見血，但內心疼痛與寂寞，非局外人所能了解……。」

顯然，這位朋友昧於「不能代替」，才毫無自立的心理準備。當然，人到了風燭殘年，對子女都存有依賴心，但有時自己也要退一步想，有時環境很嚴峻，現實不允許子女晨昏定省，天天來請安或協助料理。那麼，在別無選擇的情況下，凡事都要靠自己，可能支撐多久就算多久，能自理到什麼程度就到什麼程度，千萬別怨天尤人，怪周圍人不來支援。

另一種周延的解釋是，銀髮族自立生活和奮鬥一輩子，應該可以安享天年，反而忽視了兒女不能悟解「自立」的重要，眼睜睜看著他（她）們到了自立之年還一味依賴父母，根本昧於「不能代替」的含義，結果傷透年邁父母的心。

例如，我近日讀到兩則某報讀者投書：內容如下：

㈠我已經八十歲了，還在負擔兒子一家的生活。我們有房屋出租及投資收入，自從老伴走後，我獨自管理這些事。但我兒子做事做不了，幾年來一筆生意都做不好。以前給他一百萬元的創業基金也沒了，媳婦不做事，說要接送孩子上下學、打球、學東西都忙不過來，枉費她還是留過學的，他們三個孩子每個月花費不少，如果我問他們，他們還會不高興，我真怕那一天付不起，或我死了，他們怎麼辦呢？

㈡兒子畢業找到工作，原以為他可以幫我付房屋貸款，他卻說：「我那有錢？一大堆學生貸款要付，我也要存錢結婚啊！」他不想想老爸已經退休沒有收入，家產也賣得差不多了，都是拿來栽培他們，總希望他們長大賺錢可以回報，讓日子好過一些，現在老大畢業了，是這種論調，不怕小的不學樣。前天叫他去買個東西，還要回來跟我算錢。昨天更開口要我把家裡的一間集合住宅過戶給他，讓他省稅：：看來他很精，想佔家裡便宜，自己卻一毛不拔。雖說將來我們死了，房產還是分給他們，但是現在就要，似乎嫌太早，不給他又怕他不高興，將來態度更惡劣，相處起來就更難，我不希望破壞母子感情，該怎麼辦？

乍讀下，這兩位銀髮族早年對子女灌輸太少「不能代替」的自立觀念，才會養成他們太重的倚賴心，使自己也嚐到苦果。惟今之計，不要怕得罪他們，趕緊教育他們「長大」，努力開示「不能代替」的重要，否則後果不堪設想。

在工業社會裡，不要對子女期望過多或抱怨太多棄老棄賢的例子，唯有自己堅強起來，認清時代趨勢，同時強化「不能代替」的心防，儘管在生活上落實這項內容，才有舒暢的日子過。

16・抓住時光　知恩圖報

中國人很奇怪，即使年輕時代對社會或國家有過苦勞或功勞，一旦登上大位，或當了什麼職務，不但一輩子佔住不走，還規定部下或別人要感激他、歌頌他，世世代代要高呼萬歲、萬萬歲，好像大家永遠欠他的情，永遠都還不完，尤其要規定日子懷念他、紀念他，也能讓他的子孫永遠受用餘蔭，而別人也一直要還他們的債……但他們也不想想當初若非有一群部下為他奉獻犧牲，包括生命、財產、青春……等都奉陪上去而成全了他，才讓他有機會出人頭地，所謂「一將功成萬骨枯」或「眾星拱月」，硬把他襯托起來，才讓他凸顯出來。

總之，雙方都有無數因緣和合及數不清的情義交織，所以，彼此都要相互感恩才對，那有只對一方感恩這種唯我獨尊的狂妄思想？豈有此理？顯然昧於因緣感恩的定義和飲水思源的道理。

任何人活了一輩子，即使個人再聰明、再能幹，有了很多和很大的成就，也絕對不是單獨作業或獨挑大樑可以圓滿的，而是有無數人的因因緣緣促成的；此時此刻，髮蒼蒼、視茫茫，也應該冷靜下來反省，不要糊塗和狂妄至死，那是很不應該的。有些銀髮族慶幸自己的命好，家庭美滿、婚姻幸福、兒孫滿堂……殊不知這是個人的福報之外，也有別人的功勞苦勞在內。再說他不可能一輩子沒做過對不起別人的事，也沒欠過別人一份情，更不可能不欠社會眾生的恩，那麼，他若不暮然回首，生起一點兒回饋心、感恩心和布施心，那就成了忘恩負義的孤魂野鬼，有朝一日淪落到十八層地獄去。

下列幾個老人故事非常感人，應該可做為範例：

㈠三重市有位林姓老翁，年輕時當過「大尾流氓」，也曾編寫過廣播名劇「死囝仔清」而轟動一時，如今退隱江湖，每天和小孫女到附近公園打掃為樂，日行一善，大家覺得奇怪，就去問他原因，他嘆說如果從前的自己能像現在一樣懂得負責任有多好？「老實說，來公園打掃這種事，我過去絕對不會做的。可是現在老了，好像有點懂事了，總算可以做一件負責任的事。」言外之意，他只想用「掃公園」來回饋社會，報答眾生，讓自己落實「飲水思源」。

㈡有一個九十歲的退伍老兵，一天只吃兩餐，吃的是白水煮地瓜加麵條，不免讓人同情說：「他真窮呀！」誰知他吃得很滿足，一點兒不覺得窮，反而說：「我什麼都有了，富得很。」他住在廣慈博愛院，每月有六千六百元伙食費，但他寧吃地瓜度日，也要省下五千元送給證嚴法師去「蓋醫院、救人」。以前，他每天凌晨三點鐘開始工作，提著大茶壺穿梭院區，給十多位行動不便的老人加開水、曬棉被、拖地板，所得小費省下來做善事，回報社會的恩情。因為他說：「以前我什麼事都幹，人家給錢就幹，攢來的錢全都擲骰子、賭梭哈，輸光了，一輩子沒繳過稅給政府，也沒做過正經事，但現在不一樣了，我是慈濟人啦，臨老，終於找到該走的路了。」還好，這個老翁也懂得欠社會的恩要還，遠比硬要百姓們歌頌他豐功偉業的「皇帝」要有良知……。

㈢有個七十多歲的日本爺爺叫做西井哲年。十多年來年年來台灣找尋昔日的恩人，原來其中有一段感人的因緣。

第二次世界大戰時，他受傷流落在高雄街頭，曾被一位年約三、四十歲的婦人相救，每天給他熱飯和菜吃，並照顧他。戰爭結束就回去日本。直到他六十歲時，兒女長大成家，他才有能力回台來報恩，可惜不知恩人是否還在世間，就每年來找呀！找呀！其間留在台灣做義工回饋。他在日本仍自食其力，是個鑽床工人，月入台幣八萬多元，但他常常口袋空空，把錢都捐給慈善機構了。他憑著苦幹的毅力來台灣照顧一家育幼院院童，洗衣服、修理房舍、做飯、打雜。這樣，雖然至今尚未找到恩人。但顯露出他受人點滴而報以湧泉的高貴情操，感動了許多人，一位老太太說：「這樣的義行太棒了，有沒找到恩人已不重要，他為這份情已回饋夠多了。」可見西井老翁雖是一個卑微工人，卻有人性真誠的光輝，懂得不欠人情債走完自己的一生。

難道銀髮族朋友不敢捫心自問，舒服或辛苦一生中完全不欠社會什麼嗎？

道元禪師在『隨聞記』中說得好；「出家人要棄恩而入無為」，意指出家報恩的方法不限於向一人報恩，一切眾生與父母一樣有深恩，故要在法界多植善根，若只求今天報答父母恩是不夠的。日本有一位親鸞也有類似的禪話：

「一切有情眾生，都是生生世世的父母兄弟，眾生依序成佛，故應彼此互助、相互感恩。」

這個意思是，大家都受到一切眾生之恩而存活著，故不應把感恩圖報限於自己的父母親，這段話應讓銀髮族們多加省思與實踐。

還有佛光禪話一段話也不能等閒，敬盼銀髮族多加玩味：

佛光禪師對於徒眾一向慈悲關懷，尤其關於疾病醫藥、參學旅遊、教育留學、乃至日用所需等福祉設施，無不考慮周詳，督促常住執法者要供應大眾弟子衣食無缺，達到僧團利和同均的理想生活。

一天，掌管會計的師父拿來一疊請款收據，蹙著雙眉對禪師說道：

「師父，近來住眾們患牙病的人特別多，牙疼雖不是大病，但痛起來卻也非常難受，常住儘量給大家方便，偏偏牙病的醫藥費非常昂貴，一個人補幾顆牙，動輒萬千金錢，實非常住所能負擔。」

「不能負擔，也要設法負擔。」禪師堅持他的意見。

會計又再說道：「這些人受了常住恩澤，不但不知回報，說些好話，反而批評常住，不滿常住。依我看，實在犯不著為他們出這筆冤枉錢。」

佛光禪師像是自言自語地說道：

「這些人口中雖然說不出什麼好話，但是卻不能不為他們裝一口好牙。」

試問世間有誰不受眾生的恩澤，而能獨自活到老年的呢？一碗飯、一雙筷子都不知經過多少人辛苦流汗才能到自己手上，芸芸眾生大家平等，豈可知恩不報，毫無愧心嗎？銀髮族不妨三思！再三思！

第三章

從禪道找尋銀髮族的快樂法門

17．珍惜老本　不可大意

青原行思禪師對參禪心得說過一句膾炙人口的話：「參禪前，看山是山、看水是水；參禪時，看山不是山，看水不是水；參禪後，看山仍是山、看水仍是水。」乍讀下，當然指自己參禪的三個階段，純屬禪門佳話，表示層次不斷提升，的確形容非常恰當，但若拿來表示另外的情況，如形容人生對錢財的看法也蠻有意思。表面上好像有些不倫不類，但也未嘗不是另一種巧妙的解讀，敬祈銀髮族深思。

人在幼年或青年時代少不更事，不太重視錢財，以為那是俗物，不屑一顧；等到中年壯年要養家生活、要創業、要奮鬥、處處需要錢用，方知金錢萬能，代表人的身份地位、權勢和五慾歡樂；到了老年身體起了變化，受過人生各種洗禮，兒女的義務完了，自己也來日無多，縱使擁有千萬財富，最後下場也跟窮人乞丐一樣，完全平等。那麼，對錢財看法也會不同往昔，知曉它除了保障生活，還能做出無限好事，如辦醫院、建學校、救濟貧困……錢財仍然重要，但用法和解讀絕對跟青少年或中壯年時代不同。換句話說，理解度提升了，相當於參禪的證悟，會從另一種角度來思考和使用錢財；如若不然，那就表示這個人白活一輩子，仍然執迷不悟，昧於錢財的使用意義或正確的錢財觀；可惜環視周遭，這類銀髮族還真不少哩！

倘若那些錢財是自己夫妻半輩子辛苦賺來的，而今子女都已經長大，那麼，老夫妻當然可以全權處理它；重要的是，銀髮族夫婦一定要處理得妥善，並有智慧，若不，即使自己尚在人間，也可能有意外的不幸。

如香港某名伶，五千萬的存款發覺在他死前，居然被人盜領了，戶頭只剩下若干元。試想不是他身邊的人，怎麼可能偷到他的印章或簽字呢？外賊易躲、內盜難防，若死者地下有知，悔不當初沒有處理掉它。還有更甚的是，台中有個老翁擁有十億元土地，兩個兒子心想自己再怎麼苦拼，也不可能賺到那麼多錢財，為了讓老爸早些分贈給自己，竟百般威脅、欺騙和勸導老爸不聽，便一不做、二不休，乾脆把老爸折磨至死，說真的，這不是愚昧的下場嗎？

反之，有些銀髮族將所有儲蓄或財產全部贈給子女，不留半點兒在身邊，只想有得吃穿，用時再向子女索取，豈不方便？無錢一身輕，豈不更逍遙？誠如淨空法師說：「這些年錢對我已沒有用，沒有用得錢的地方。人到錢沒有用的時候，就很自在。走到什麼地方都有人接待，都為你安排好。……一切都放下，就樣樣自在，若欲得到，就樣樣不自在……不聞不問，頭腦裡沒有東西，本來無一物，所以一定要捨，要放下……。」當然，他是位高僧有徒眾來供養，德高望重、修行好不愁衣食，但我們凡夫的銀髮族做不到，且養兒防老的風氣淡薄了，這方面還是不能太大意，須知「給錢人容易，伸手要錢難」，縱使對方是自己子女亦不例外，有時要看兒媳臉色，趁他（她）們高興時才敢開口，但也不時聽他（她）們埋怨：「你怎麼那樣會用錢？」「前幾天不是才給你了嗎？」「你的錢用到那裡去？」此時此刻聽到這話，肯定會懊悔莫及，且要也要不回來，與其如此，不如事先自己保留若干數額比較方便，也比較自在。雖說現在政府有些老年福利，對銀髮族表示關懷，對生活也不無小補，但也不能有太大依賴啊！

若問銀髮族說：「你想，錢財到底有多重要呢？」我要引用照覺禪師三首偈來作答，那是禪師向蘇東坡大學士表明參禪時和前後的三種境界，而最後覺悟可解讀為銀髮族的錢財觀，其中奧秘精讀三遍，必能知曉。

未參禪前的境界是：

「橫看成嶺側成峰，遠近高低皆不同；
不識廬山真面目，只緣身在此山中。」

到了參禪時，其心境是：

「盧山煙雨浙江潮，未到千般恨不消；
及至歸來無一事，盧山煙雨浙江潮。」

參禪後的心境是：

「溪聲盡是廣長舌，山色無非清淨身！
夜來八萬四千偈，他日如何舉似人？」

錢財彷彿一座山峰，算是中性存在，不善也不惡，怎樣對待和觀察全在人的心意，如果心存善意，就會將錢用來布施或做功德、利益眾生，不該留太多給子女，這樣反而會害他，也不必給自己花費太多，奢侈享受，因此，銀髮族要用悟後的心情來善用錢財，但也不意謂當散財童子，用錢有重於泰山，有輕於鴻毛，凡有計劃積功德都算重於泰山，價值非凡。銀髮族若手頭握有大筆財富，理該這樣活用和看待，才會像禪師悟後那樣逍遙自在。

一次，嚴陽尊者問趙州禪師：「一物不將來時如何？（心中一物不來時，怎麼辦呢？）」趙州禪師只答說：「放下著！」

這個「放下」可解讀銀髮族不要拘泥青壯年期的錢財觀，要以開闊的心意來處理它——多給自己和兒孫積功作德，福報會無窮。

18．餘波蕩漾　依然壯觀

台中縣一位外科醫生執業四十多年，醫務蒸蒸日上，眼看就要更上一層樓，不料，他忽然改行開了一間攝影店。這一來，別說親友們不諒解，替他惋惜，連旁人知道後也感到好奇，暗笑他頭腦「秀逗」。

後來，他才吐露這段改行的因緣。他說以前為生活，教育兒女，才不得不靠專長開醫院，而自己真正的興趣卻在攝影，無奈，這個嗜好不能賺錢，養不起家，只好暫時把這個理想隱藏起來，而今子女長大，不愁衣食，眼見自己頭髮白了，來日無多，若不趁有生之年，落實這個理想，簡直死也不甘心……。

別人看他自在滿足的表情，都默默不言，但私底下卻不以為然，有人說不可思議，有人說太傻，有人說神經病，但不論如何，他確實過得很快樂，因為他為自己而活了……。

我有一位張姓好友，也是新竹縣小同鄉，更是一位十分傑出的科學博士，出身美國馳名的史丹佛大學，之後在德州一家國防科技公司任職，年薪之高不在話下。

去年就到退休年齡，按公司規定就可以離開，但因為他的成就十分卓越，對公司有過莫大的功勞，故公司有意以更優厚的待遇挽留他再待一陣，若以常情而論，在這樣不景氣的年頭，有如此境遇多麼令人羨慕，無如，這位張兄卻要離開，對公司的善意敬謝不敏。

原因是，新竹有一所私立工專要聘他回去當校長，不過，待遇卻比美國差一大截，他考慮很久，仍然想回去。他坦白說：

「當年讀新竹中學時，我就非常敬佩辛志平校長認真的辦學精神，啟發了許多學生，我一直想倣效他，且我真正的興趣也在教育和教學，以前為了家庭和生活，不敢妄談理想和抱負，現在孩子大學快畢業了，經濟也比較寬裕了，更何況現在新竹環境不同以前，除了有清華、交通大學等理工學校外，周邊還有非常發達的科學園區，可以搭配那所工專來發展建教合作，可見教學機緣非常成熟，為什麼我還要猶豫呢？」

我聽了忍不住擊掌，一直讚嘆：「應該、應該！」

當然，除了他自己的考量，也不能漠視另一半的反應，兒女們應該沒有話說，因為已經為他（她）們盡了義務，恐怕感恩都來不及，老爸的願望豈有不鼓勵，不支援的嗎？

記憶裡，那次我到美國西來寺拜訪星雲大師，就聽大師嘆說，自己實在是個文化人，喜歡寫作，奈因平日法務繁忙，為了蓋廟以及接引徒眾，自然定不下心來寫作，直到四十年後，自己退位了才比較有時間執筆……。

當時我聽了非常感動，隔了這麼久還念念不忘這份對興趣的執著，也有心要落實另一個理想。而今各大書局都能看見大師的作品一本又一本，我心想：「大師另一場奮鬥又有成果了。」

說真的，世人都有自己的理想、嗜好、理念或抱負，但每個人的理想和興趣不一定能馬上落實或一步一步去做，因緣欠成熟，可能要拖延很久，甚至被迫停擺。說得務實些，如果自己的嗜好不能有足夠的經濟收入，當然不能溫飽，亦無法養家活口，那麼，就得遷就現實，先找一份高薪職業，暫時把理想放在一邊，接著一直幹下去，其間迫於現實需要欲罷不能，時間一久，理想或興趣也許麻痺了，即使到了退休，有空閒在家裡，也感到時不我予、老大徒傷悲，再也沒勁兒談到當年的誓願與理念，遑論鼓起勇氣再出發，認真去改換人生第二條路道!?

如果真正死心還好，可以一了百了，自然沒有煩惱作祟，但有些人偏不死心，不時嘆息、埋怨和遺憾，耿耿於懷昔日的理想；這時候，倘若客觀環境不允許，不如從此作罷，乾脆別想。

反之，若有適當機緣，理應勇敢投入，真正為自己而活，開闢事業的第二春，也能證明自己的能力、心智、見識、勇氣、判斷、眼光……。按理說，銀髮族歷盡人生多少滄桑，受過多少考驗，這些方面應該更成熟、更圓滿，若肯放手一搏，那是值得肯定和鼓勵的，至少不辜負自己，也不虛度此生。

溈山靈祐禪師對徒眾有一段開示，很符合上文的旨趣，那就是對自己的肯定，銀髮族怎樣過餘生是自己的事，前半生無奈忙於兒女家庭，付出一切。而今才是屬於自己的日子。請讀溈山禪師這段說話：

有一天，溈山靈祐禪師正在打坐，弟子仰山禪師走了進來，溈山對仰山說：「喂！你快說呀！不要等死了以後，想說也不能說了。」

仰山回答：「我連信仰都不要，還有什麼說不說？」

溈山加重語氣問道：「你是相信了以後不要呢？還是因為不相信才不要呢？」

仰山：「除了我自己以外，還能信個什麼？」

溈山：「如果這樣，那也只是講究禪定的小乘人罷了。」

仰山：「小乘就小乘，我連佛也不要見。」

溈山：「四十卷涅槃經中，有多少是佛說的？有多少是魔說的？現在你所說，是如佛說？還是如魔說？」

仰山：「都是魔說。」

溈山老師聽了弟子這番回答，很滿意地點頭說：

「今後，沒人能奈何你了。」

沒錯，如把溈山禪師開宗明義那句話更換幾個字，等於說：「你快做呀，不要等死了以後，想做也不能做了。」這是多麼直截了當的警告，意謂在僅有短暫的餘生裡，還不快做自己所想和所愛做的事，那要等待何時呢？我們除了自己興趣和宿願以外，還有什麼比這更重要，更值得眷戀的呢？只要不求人、不向人低頭，世間還有誰會比自己更大呢？若說往事不堪回想，而今機緣允許就不要計較閒言閒語，理應惟我獨尊，全力去圓自己的美夢。

那天，我看到報載的頭條新聞，不是國內外大事，反而是一副色彩鮮明的照片和幾行註釋。原來，美國前總統布希在七十二高齡跳傘「還願」。照片是布希與陸軍「金騎士」跳傘小組的成員一起完成一萬二千五百呎高空跳傘後，十分自豪的豎起大拇指，狀甚得意。依我看，這副老當益壯的照片遠比他當初選上總統，走進白宮的歡喜狀，更迷人、更可敬。

他在第二次世界大戰時駕機被日砲擊落，靠跳傘逃生，半世紀後才躍萬餘呎高空，實踐「宿願」，壯哉！這位老頑童，純粹為了「還願」而跳傘。

我敬佩他豐富了晚年，也肯定了自己。記得道元禪師在『正法眼藏』上說：「倘誓願一志不退，則僅經三歲，即可辦道現成也。」意指生年不滿百，應用短暫歲月實現自我，這是上天賦予自己的一項偉大使命。

19・了生脫死　要定心丸

貪生怕死可說是動物的天性，人類也不例外，年輕人剛剛享受「生命的歡喜」不久，也許還不太畏懼死亡，但有些銀髮族的心情可能稍微不同，原因是：「眼看他人死，我心急如火，不是傷他人，看看輪到我。」才對死亡有特殊恐怖。

例如，一位林老太太年約八十歲，雖然身體很硬朗，且耳聰目明，平時也很健談，但一談到「死」的問題時，她的臉色都變了，只聽她直說：「唉喲！好可怕，怎麼辦呢？」瞧她幾乎發抖的樣子，讓人非常同情。親友們只能安慰她說：「那是沒辦法的事呀！如果人不會死，這個世間還能容得下這麼多人嗎？自古以來的人不會死，吃住都成了大問題……，反正人死後也照樣有一大群朋友、親人在那裡等著呀……。」這段勸慰純屬老生常談，沒有深刻意義，不似禪師的開示與示範那麼有價值、有睿智，且更能啟發銀髮族的深省。

倘若悟解得徹底，也許能進一步了生脫生，面對死亡也很灑脫自在……。

例如，後唐一位保福禪師將要辭世圓寂時，向大眾說道：

「我近來力氣不繼，想大概世緣時限已快到了。」

徒眾聽了紛紛說道：「師父法體仍很健康。」「弟子們仍要師父指導。」「要求師父常住世間為眾生說法。」真是議論紛紛，不一而定。

其間，一位弟子問道：

「時限若已到時，禪師是去好呢？還是留住好呢？」

保福禪師用非常安詳的風度，非常親切的口吻反問：

「你說怎麼樣才好呢？」

這個弟子馬上答說：

「生也好，死也好，一切隨緣任它去好了。」

禪師哈哈一笑說道：

「我心裡面的話，不知什麼時候被你偷聽去了。」

說完後，保福禪師就跏趺往生了。

當然，這樣對生死的領悟不是尋常人做得到，根本原因是昧於「生死一如」的真諦。依一般人看，誰家生孩子就去賀喜，誰家有死人就去哀悼，但禪者不這樣看，如宗衍禪師說：「人之生滅，如水一滴，漚生漚滅，復歸於水。」還有一位道楷禪師在臨終前說得好：「吾年七十六，世緣今已足，生不愛天堂，死不怕地獄；撒手橫身三界外，騰騰任運何拘束？」只要生不貪求，死不畏懼，才能真正超脫生死。

依禪者看來，生死等於緣起緣滅，因為身體由「地大、水大、火大、風大」等四大的因緣和合而成，因緣消失即身體不存。地大如人身中之毛髮、爪齒、皮肉、筋骨等。水大如人身中的唾涕、膿血、津液、痰淚和大小便等。火大如人身中之暖氣也。風大如人身中之出入息及身動也。這四大全屬因緣和合，既掌握不住且又無常，若能悟解人體的性質，就不會執著它，也比較不怕它的消失——死亡了。

報載台東一個老榮民對死看得平淡，他在自宅地下挖一個墓穴，每天乾脆睡在裡面，有人好奇問他，只聽他灑脫回答：「死是每個人都要面對的，我已經七十多歲，早些適應也好。」我心想，如果他昧於死的意義，肯定不會這樣自在躺在墓穴裡吧!?何況，早晨從墓穴爬起，生活作息不改其樂，完全置死於度外，需要何等生命智慧。

近年來，泰國籍阿姜查禪師的開示集在國內很流行，這位禪師大部份時光睡在樹林、山洞、墓地，修習禪定功力極高。以下是他對一位即將離開人世老弟子的開示，內容非常睿智，也十分動人；由於全文頗長，恕我不能全譯，只作重點節譯，讓銀髮族一齊分享——

「你依靠身體多年應該感到滿足了，感到很夠了。你可將它譬喻為家裡用久的器物——杯子、碟子、盤子等。當你剛剛擁有時，它們都很乾淨光亮，因為用了很久，現在變得陳舊……世間沒有一成不變的形體，你的身體也一樣——從出生那天起，經過孩童到青年，再到老邁，它不停在變化，你要接受這個事實。佛說一切因緣條件，不論心理、生理或外在條件，都是無自性，它的本質就是變化，你要好好思維這個真理，直到完全明白地看見它。

現在，你的身體已隨年齡開始退化，不需要去違抗，但不要使你的心也隨著腐朽了，要讓心能獨立……佛說有生就有老、病、死，這是身體的自然現象……。現在你已親身體驗到這項偉大真理了，用智慧來觀察這副色身，並領悟它的變化吧。

譬如你的房子已被水淹沒或被火燒毀，不論威脅怎樣危險，就讓它只是房子的問題好了。譬如一場洪水來了，別讓它氾濫到你的心；如果發生一場大火，別使它燒到你的心，讓它僅僅是房子好了。洪水或大火對你不過是外在的災害，現在是讓你的心放下執著的時候了。

你活在世上有了一段時間，你的雙眼也曾看過形形色色的東西，雙耳亦曾聽過許許多多的聲音。你有過無數的經驗，而它們只是經驗而已。你吃過好吃的食物，而好吃也只是好吃，沒有更多的了。讓人不愉快的滋味也只是不愉快罷了……如果眼睛看到美麗的外貌，也只是美麗的外貌，醜陋也只是醜陋，同樣地，美妙的聲音也只是聲音而已……。

不論貧窮、富有、年輕或老年，人或動物，以及任何生命，可以在世上永遠保持自己的狀態，每一件事都會經歷變化與疏離，這是生命的真相，我們也沒有任何對策。佛陀說，我們能做的只有去思維這個身與心，去了解它們的無自性，徹底觀照它們既不是「我」，也不是「我的」；它們只是一個暫時性存在，就彷彿一棟房子，名義上屬於你，而你卻無法帶著它跟你到處跑。

你的金錢、財產和家庭也一樣，它們名義上屬於你的，但又不真正屬於你，它們屬於自然。這個真理不單單適用於你一個人，每個人也一樣，即使佛陀和他開悟的弟子們也一樣。他們所以不同我們，在於他們接受了事物的本來面目，看到了事物的真相。

佛陀教示我們要仔細觀察這個軀體，從腳底到頭頂，然後再回到你的腳底，看看身軀吧！……一度年輕的身體變老了，而今正趨向死亡，別去期望還會有別的方式出現，誰也無力挽回它，放下吧！放下所有一切……。」

這段話太中肯、太真實、太精彩了，敬盼銀髮族依禪師的指示：好好觀察自己的身軀。之後，他又談到身與心的差異，以及心在最後關頭的去向，而這才是這則禪話的焦點。銀髮族尤其要牢記和領悟。阿姜查禪師說：

「別擔心你的家人，目前他們仍保有著他們的樣子，未來也將跟你一樣，在這世上，沒有一個人能逃避這個命運。不論心想到什麼，都要以智慧去想、去了解，這樣，你才能放下一切而不會痛苦。這顆心是明亮的、快樂的處於平靜中，且從散亂中轉向，它是專注的。此刻，你所能尋求的幫忙與支持，只有你的呼吸……心想繼續活得更長久，這樣會使你痛苦，反之，想要立刻死或快點死，也是不正確的，也會使你痛苦，因緣條件不屬於你……。」

特別畏死的銀髮族朋友，乍讀之後，無異服下一顆定心丸，它是禪者的智慧結晶，而非從書本或道聽塗說來的，誠心受用它吧！

20・宗教情操　不能忽視

十幾年前，我參加一次高中同學會時，一位老同學匆匆要先行離去。我問他何故離開？他說要給一群老人講道理。我納悶地問他說：「講什麼道理？」他才慢條斯理說道：

「那些老人很愛聽我講『一貫道』，其實我也只知皮毛，但他們都聽得入迷極了，不知怎地？人到老年對宗教特別有興趣，不論我說得對不對，他們都聽到不肯離開，我看了也愈講愈起勁，現在就要趕去開講，不忍心他們在等我……。」

那時我尚未皈依佛教，且剛跨入「知天命」的年歲，不算銀髮族，實在不太能理解那些老人心情……。

我現住在聯合國村式的退休公寓，鄰居是一對越南籍銀髮族，信仰基督教，由於距離教堂頗遠，他們又不會開車，於是，一位年輕的基督教友每週日早晨都來他們家，順便也請附近的年老教友到這裡聚集，一起聽講。有時，我好奇從門外探首一瞧，他們都凝神靜聽如醉如狂，彷彿置身在一種不同境界。

我動容之餘，不禁尋思：「活在這種境界怎會起苦惱呢？」同時，也想起一位佛教高僧說過：「有信比不信好，迷信也比不信好，但是，智信最好。」雖說他們不是佛教徒，但能對耶穌的博愛精神如此熱衷，也是好事一樁，值得肯定。我在暗忖，若能讓他們領悟禪道或因緣妙法，肯定會有更大的受用。因為禪道或因緣法是斷絕人生煩惱最究竟、最根本的大法。人所以有許多苦惱，只因妄緣雜念太多，心裡不得平靜。誠如黃龍悟新禪師所說：「參禪何需山水地、滅卻心頭火自涼。」

換句話說，「心淨即國土淨」，那麼，老年人怎樣才能心裡平靜和清淨呢？不妨聽聽無德禪師的開示：

一位虔誠的佛教徒，每天都從自家花園，採集鮮花到寺廟供佛，一天，當他正送花到佛殿時。碰巧遇到無德禪師從法堂出來，無德禪師非常欣喜地說道：

「你每天都這麼虔誠拿鮮花來供佛，依據經典記載，常以鮮花供佛者，來世當得莊嚴相貌的福報。」

信徒非常歡喜回答說：「這是應該的，我每次來廟禮佛時，自覺心靈就像洗滌過似的清涼，但回到家中，心就煩亂了，我們做為一個主婦，怎樣在煩囂的塵市中保持一顆清淨純潔的心呢？」

無德禪師反問道：「你以鮮花獻佛，相信你對花草總有一些常識吧！我現在問你，你怎樣保持新鮮花朵呢？」

信徒答說：「最好方法是每天換水，且在換水時把花梗剪去一截，因花梗一端在水中易於腐爛，腐爛之後水份不易吸收，就容易凋謝了。」

無德禪師說：「其實，保持一顆清淨純潔的心，道理也是一樣，我們的生活環境像瓶裡的水，我們就是花，唯有不停淨化我們的身心，變化我們的氣質，且不斷懺悔、檢討、改進陋習、缺點，才能不斷吸收大自然的食糧。」

信徒聽後，歡喜作禮，並感激地說：

「多謝禪師的開示，希望以後有機會親近禪師，過一段寺院中禪者生活，享受晨鐘暮鼓和梵唱的寧靜。」

無德禪師說：「你的呼吸便是梵唱，脈搏跳動就是鐘鼓、身體便是廟宇，兩耳就是菩提，無處不是寧靜，又何必等機會到寺廟去生活呢？」

此外，我偶爾也去附近的基督教堂、天主堂、日蓮宗聚會所和其他宗教道場，目睹那兒銀髮族人數幾乎半數以上，他們不僅虔誠信奉自己的本尊——基督、天主或什麼神，也把宗教活動看作社會生活的重要部份，從這兒滿足交友、談話，找尋精神寄託的欲望，含有多項動機，無不歡喜躍雀……。

寺廟法會也一樣，成群的銀髮族，滿臉嚴肅，披著法衣禮佛唱誦、跪拜持咒，看來受用無限法喜，而這些宗教情操是塵世無法提供的，也是天下銀髮族夢寐以求的，古今中外絕無兩樣。

不可諱言地，每種宗教都有不可思議的力量，不管叫它奇蹟或神通都無妨，擺在眼前的事實連科學都無法解釋。例如，一位高僧轉述他有一名年邁的女徒弟，住在台北市泰順街，一天到醫院檢查身體，醫生說她罹患胃癌第三期頂多再活半年，她聽了心情大變，也非常氣餒，這也是人之常情。她回家後不斷尋思，自己學佛以來，從來沒有認真唸佛和誦經持咒，而今來日不多，應該抓住時間，趕緊唸佛和誦經才對。於是，她獨自搬到三樓，平時絕不下樓來，亦不見任何人，甚至叫媳婦把飯菜端上去就離開，不許講話，同時也不讓先生和孫子上樓去打擾，她除了短暫睡眠外，所有時間都用來唸佛誦經，非常虔誠和專注，這樣日子一天一天過去，照理說，死期一天一天逼近，她想反正要死了，逃也逃不掉，除了念佛讀經，其他什麼也不想，不悲不懼坦然面對事實：其間她只服用醫生開的藥方，而不去刻意找尋什麼秘方仙藥……誰知半年到了，她不但沒有死去，身體反而感到清爽，好像沒病的樣子，家人擔憂她是否迴光反照的日子長一些？結果全家提心吊膽又過了兩個月，反而看見她的身體壯健了起來。

家人歡喜和驚訝地帶她去體檢一番，意外地發現她的胃癌全沒了，連痕跡也不見，這一來，當初那位醫生傻了眼，一直搖頭稱奇，什麼也解釋不出來。

一位華裔生死學者傅偉勳教授介紹過一種「森田治療法」，那是禪與精神治療的結合，它的根本原理如「事實唯真」、「現實即實在」、「煩悶即解脫」、「不安心即安心」、「服從自然律」等等，含有大乘佛教與禪道自然主義的思想背景，對於現代銀髮族所需的臨終精神醫學與生死智慧，很有啟迪功能，能提供我們溝通精神醫學、精神治療、死亡學、宗教學的思維靈感。

森田治療法能夠幫助絕症患者，在人生的最後階段繼續有高度的精神成長，安然承受死亡的「事情惟真」、保持死亡的尊嚴……。

這是傅偉勳教授對「森田治療法」所做的一段簡短詮釋。依我淺見，這位治療法的始作俑者——日本精神醫學家森田醫生，肯定對禪道修行極有造詣，才能從中窺視出一套獨步醫學界的新法，也能涵蓋宗教學與生死學的兩大學問，讓人在短暫生命歷程中創奇蹟，建立健全的生死態度，不愧是現代的禪道醫生。

21．晚節要保　讓人尊敬

早年讀到李敖的文章「佔著毛坑不拉屎」，覺得題目不夠斯文和雅意，然而觀點與內容完全正確，諷刺當年文化界不少老前輩的確如此厚顏，讓人氣短。但罵歸罵，他們也無動於衷，之後出現『老賊』一詞也竭盡挖苦之能事，意指萬年國代不退不休，令人唾棄也不在乎！唉！反正台灣人治社會即使有明文規定退休年限，但他（她）們歪理一大堆，常說：「老人不一定指生理，而要看心理。」這一來，捨我其誰之心作祟，怎麼也不肯下台，至死方休，完全不考慮一隻攔路虎會阻擋多少人前進，也昧於長江後浪推前浪的道理。更不幸的是，這批人平時營養好、懂得養生、活得又長，等到他們壽終正寢，那些後生晚輩又快垂垂老矣。這一來，無疑隔了一代，形成斷層的人才荒，罪大惡極，不在話下。

反觀美國首任總統華盛頓，任滿時說過一句永垂不朽的話：「美國不缺乏當總統的人才！」接著飄然而去，過著快樂愜意的晚年。這事在中國歷史上是不可能發生的，除了沒有史實根據的禪讓政治，有過唐堯虞舜的傳說……。總之，人要蓋棺論定，晚年表現非常重要，所謂晚節不保，不一定指幹壞事，凡是依老賣老或「佔著毛坑不拉屎」，也一樣沒有晚節、沒有風範，有時反而前功盡棄誤了一世英名。例如，國內政界有些大老，即使以前有功黨國，誰知老了都在興風作浪，鼓動政爭或挑起省籍矛盾。若問他們是誰，大家心知肚明，不說也罷。這類人物外國也有，像法國有位貝當元帥，被認為「善始不善終」的人物，因為他曾為第一次大戰抵抗德軍侵略的英雄，到了第二次大戰卻成了賣國賊。戰後接受審判，以羞辱之名了卻殘生，死後墓碑上刻著：「這裡埋葬第一次世界大戰的英雄，第二次世界大戰的賣國賊——貝當元帥」。

臨老無人格，臨終定忠奸，古今中外都一樣，銀髮族不能大意啊！

有一篇報載：「別讓自己變成老頑固」，很值得銀髮族省思。那是一個安養中心的李伯伯，自稱是營養學博士。一天午餐時，目睹電鍋裡全是白饅頭，沒有黑饅頭，便忍不住大吼，工作人員跑來解說，因為廠方疏忽送來這些，下次一定改善，不料，李伯伯硬說「不行，就是不行。」不論作業員怎麼賠不是，李伯伯的態度卻愈來愈惡劣。竟然拍桌怒罵：「我所說都是對的，是絕對真理，你們不照著做，就該去死——」最後一個「死」字拖得夠長。作業員目睹這位青筋暴漲的李伯伯如此不講理、不近人情，都恨之入骨……這種老人別說周邊人不來親近，據說連他的子女始終不願來探望他。

這是極端例子，卻能啟發所有銀髮族要表現溫馨高雅、堂堂長者風度，且要通情達理，不能剛愎自用、唯我獨尊。相反地，還有以下一則真人真事——

記得父親七十歲那年，隨同弟弟一家遷居台北市泰順街，那棟公寓住有十幾戶人家，每天清晨送報童習慣將大家的報紙通通放在樓下大門前，任由住戶自己下來拿，但父親最早起來，除了匆匆下樓拿起長期訂閱的「聯合報」外，也很熱心替同棟大樓的上下鄰居挨家送去，致使侄兒們都笑說：「爺爺太雞婆，熱心過了頭。」只有我在讚嘆父親的布施行。父親去世後，左鄰右舍都懷念父親生前的親切、人情和熱忱、可說是平凡得讓人歡喜的銀髮族範楷。

佛教徒耳熟能詳佛陀八十歲那年，一天到了波婆城，住在一位名叫鈍陀的鐵匠家裡，接受他的招待，不料吃了蘑菇飯後，佛陀的肚子一陣劇痛，好像食物中毒，之後蹣跚走到河邊洗個澡、喝些水，就找棵樹下休息。剛剛皈依的弟子鈍陀，即是招待佛陀吃下毒物的那個鐵匠也站在旁邊，這時，佛陀當眾告訴大家說，純陀在佛入滅前供養飲食，乃是所有供養中最大的功德。佛陀所以要當眾宣佈，一則為了避免鈍陀心裡難過，免於自責，二則暗示大家不要指責他或為難他；可見佛陀之用心良苦，很會替人著想，多麼可敬的老者！多麼有人情味的聖者！

再讀無德禪師也有一則佳話，看他不妄稱：「和尚要能老，老了就是寶。」反而非常獎勵後學，真正悟解老幼平等、隨緣知足，也能做銀髮族的榜樣。

某日，一位信徒到寺廟禮完佛後，便走進客堂休息，才坐下來，就聽到一位年輕的知客師對在旁已非常年老的無德禪師說道：「老師！有信徒來了，請上茶！」

不到兩分鐘，又聽到那位年輕的知客師叫道：

「老師！佛桌上的香灰太多了，請把它拭擦乾淨。」

「拜台上的盆花，別忘了澆水呀！」

「中午別忘了留信徒用飯。」

這位信徒只見年老的無德禪師在知客師的指揮下，一下子跑東，一下子往西，實在看不過去，就向無德禪師道：「老禪師，知客師和您是什麼關係呀？」

老禪師非常得意地答覆：「他是我的徒弟啊！」

信徒大惑不解地問道：「這位年輕的知客師，既然是您的徒弟，為什麼對您如此不禮貌？一下子叫您做這？一下子要您做那呢？」

老禪師非常欣慰道：「我有這樣能幹的徒弟，是我的福氣。信徒來時，只要我倒茶，並不要我講話，平時佛前上香換水都是他做，我只要擦一擦灰塵！他只叫我留信徒吃飯，並不叫我去煮飯燒茶，寺內上下一切都是他在計劃、安排。這給我很大安慰，否則，我就要辛苦了！」

信徒聽後，仍不甚了解，滿臉疑惑地問道：「不知你們是老的大，還是小的大呢？」

無德禪師道：「當然是老的大，但是小的有用呀！」

乍讀下，老禪師重視晚輩的風範，在中國政壇上絕無僅有，與其說這是做人的道德，勿寧說是從政的智慧，有別於開口閉口「政治倫理」，和莫須有的「年功序列」。在人治社會最怕銀髮族長官高喊：「人生七十才開始」，而擋住年輕人的出路，加快高齡化社會的嚴肅性，傷害新陳代謝的正常功能，被年輕晚輩暗罵：「老頑固、不要臉！」就活得沒有尊嚴，毫無價值了。

22．不是不能比　比要看內容

那年返國省親，恰逢幾次婚喪喜慶，多年不見的親友相聚一堂，其中不乏白髮斑斑的當年玩伴，而今都當了爺爺奶奶，暢談往事，不勝唏噓，免不了嘆說歲月不饒人，光陰催人老……等中國人習慣的感觸。

不過，最令我驚異的是，他們的口吻和思想都很一致，總愛比這個、比那個，例如，比誰在那裡買多少土地，現在值多少錢？又在那兒有幾棟房子，當初只有多少錢，而今又漲了多少倍？好像除了賺錢，其他都不值一提，且比賺錢多有風光、有本事，根本昧於「比」的內容和範圍，我聽了不勝納悶，也很同情他（她）們已經七老八十，還有多久可活？縱使有千萬億萬，結果一毛錢也帶不走，活了大半輩子不知經歷過多少滄桑，難道其中沒有值得反省和檢討事嗎？

何不拿出來比一比，看誰的精彩和有價值？或比誰的功業最多？例如，給社會多少貢獻，做過多少可供讚嘆的事，尤其，銀髮族有豐富與精彩的歷練，應該比的地方太多，豈可拘泥於錢財的身外物？或只談兒女家庭等私情瑣事？例如，廣圄禪師有一個啟發可供銀髮族深思。

有一個學僧叫道岫，雖然精於禪道的修持，但始終不能契悟，眼看比他晚入參禪學道的同參，不少人對禪都能有所體會，想想自己，實在沒有資格學禪，既不幽默、又無靈巧，始終不能入門。心想還是做個行腳的苦行僧吧？於是道岫就打點二斤半的衣單，計劃遠行。臨走時便到法堂去向廣圄禪師辭行。

道岫稟告說：「老師，學僧辜負您的慈悲，自從皈依在您座下參學已有十年，對禪仍是一竅不通。我實在不是學禪的根器，今來向您辭行，我要雲遊別處了。」

廣圄禪師十分驚訝問道：「哦！你為什麼沒覺悟就要走呢？難道別處就能使你開悟嗎？」

道岫誠懇地再稟告說：「我每天除了吃飯、睡覺以外，都精進於道業的修行，我用功就是因緣不和，反觀同參的道友們一個個都契機回歸根源。目前在我的心深處，萌發一股倦怠感，我想我還是做個行腳的苦行僧吧！」

廣圄禪師聽後開示說：「悟是一種內在本性的流露，根本無法形容，也無法傳達給別人，更是學不來也急不得的。別人是別人的境界，你修你的禪道，這是兩回事，為什麼要混為一談呢？」

道岫說：「老師，我跟同參們一比，立刻有鵬鳥與小麻雀的慚愧。」

廣圄禪師故作不解地問說：「怎樣是大？怎樣是小呢？」

道岫答說：「大鵬鳥一展翅能飛越幾百里，而我只囿於地上方圓的幾丈而已。」

廣圄禪師意味深長地說：「大鵬鳥一展能越幾百里，牠已經飛越生死了嗎？」

道岫禪僧聽了默不作聲，似有所悟。

中國禪宗的五祖弘忍大師座下，有一位弟子神秀的學識出眾，在尚未傳承衣缽以前，他十拿九穩可以得傳承，等到慧能得到衣缽之後，始知自己比他差一大截，但他亦不氣餒、不嫉妒，反而三番兩次要去請教他，而這也是比修行、比開悟，爾後見賢思齊，努力學樣的好例子……。

在幼年時代，我看到別家比自家有錢，會忍不住羨慕，老祖母就會警告我說：「別人有一百元，不如自身一塊錢。」我起先聽不懂，年長後始知別人有錢是他家的事，不可能給我，反而不如自己一塊錢來得實在，那才是屬於自己的錢。

總之，不切實際與不可能的比較沒有意義，反會人比人氣死人，嚐到「比較」的負面滋味。

銀髮族應該比的是，比健康、比自在、比德行、比智慧……若比出誰最圓滿或強過自己甚多，就不妨向他請益，但也別忘了個人有個人的因緣，因緣之間果報亦異。禪的因果觀不是僵硬的，而是靈活的，剎那生、剎那滅，不會永遠不增不減，不多不少，只要肯種善因便會得善果。那就要學他人種善因了。例如，對方身體比自己健康，就要向他打聽養身秘訣是什麼？營養均衡嗎？運動得當嗎？情緒調駁好嗎？有果必有因，而這個因也不是誰的專利，自己照樣可以播種呀！

報載台灣有一位廖姓的拳頭師，也是武林高手，年老後還跟人比耐寒，冬天穿著短褲，在冰水裡先浸半小時，再起來站著吹風半小時。之後問對方說：「你要不要來比一下！」這是何等體格，何等風趣？

還有我現在的鄰居是一對退休的公務員，鄭姓老夫婦，也許他們的血型相同，都屬B型或O型吧？平時活潑健談，身體也蠻好，不料，看他們閒中無事，不時為某件事爭吵起來，雙方誰也不退讓。有一次，他們不知何故吵得很大聲，且歷時很久，只聽老太太說：

「你別以為我怕你啦！我才不怕你呢？」

先生也說：「你不怕我，難道是我怕你嗎？」

剛巧我有急事要向他們借東西，便趁機扮演和事佬，微笑告訴他們說：「不要說誰怕誰！應該說誰比較愛誰呀！」

他們聽了都有些尷尬，但從此以後，他們果然很少吵架，依我猜，也許他們真正領悟這句話的妙用，而體諒了對方吧!?

一天傍晚，一位老同學從台灣來洛城旅遊，為了盡地主之誼，我請他小酌，閑談中他獲悉我們在這裡賺錢辛苦，也為數不多，就忍不住得意自己在台灣擁有幾億財富，我聽了暗忖：「比錢財你第一，比缺德也第一。」

原來他從政三十餘年，起初兩手空空，幹了幾十年民意代表和行政首長，這些錢打從那兒來，不是貪污胡搞，豈會從天而降？果然不久東窗事發，他馬上成了階下囚，真是罪有應得。由此看來，他的晚景不會比我得意，至少我活得比他有尊嚴多了。

23．肉體勞動　少富貴病

佛教徒耳熟能詳唐朝百丈懷海禪師最先立下一套有系統的叢林規矩，稱為「百丈清規」，因為他倡導一日不作，一日不食的農禪生活。他每天除了率領徒眾修行以外，也親自勞役、勤苦工作，認真落實自食其力的宗旨，連平常的瑣事雜務，也不肯假手於人。

最難得的是，看他年紀一大把，仍然每天率眾上山擔柴、下田種地，而這就是自耕自食的農禪生活。徒眾不忍心目睹年邁的老禪師做這樣粗重工作，因此，好言好語央求他不要跟大家去勞作，不料，百丈禪師堅決表示：

「人在世間不勞作，豈不成了廢人？」

徒眾阻止不了老師服務的熱忱，只好將他所用的扁擔、鋤頭和鐮刀等工具暗藏起來，不讓他做工。

誰知百丈禪師百般無奈下，便以不吃飯來抗議，弟子們焦急地問他何故不吃飯呢？只聽老禪師答說：

「既然沒有工作，就不想吃飯了。」

徒眾只好讓步，依舊將工具全部交還給他，讓他自由作主。百丈禪師「一日不作，一日不食」的服務精神，成了叢林的千古楷模。

這則禪話不難解讀，不離自食其力，勤勞習性，以身作則，鍛鍊身體，而這些都在落實——「禪即生活」也。

報載日本厚生省訪查兩千八百五十名年逾百歲者，請教長生要訣，其中有人答稱「當個農人」是長壽首要條件。事實上，受訪者中有百分之四十二曾經以農林為業，可見下田或上山幹活可以延年益壽。

這幾天，報載幾條南加州「台灣農村風情畫」的消息，大意說，一群台灣退休老人，都在七十歲以上年歲，熱衷以農事當運動強身。起初，他們在家屋附近買下一塊荒蕪的土地，市政府看到雜草太長，幾次向他們提出警告。他們不曉得該怎麼辦？想了好幾天，大家商量好一個主意，不花錢請工人，不妨靠自己一群銀髮族每天開墾出一小塊，試種些自己愛吃的蔬菜，如韮菜花、絲瓜、番茄和韮菜等，全是從台灣帶來的種子，這樣歷經幾個月，居然成就一大片綠油油的菜園了。結果可以反映出幾項意義。

第一，年齡不足以對他們造成生活上的威脅，他們成了一群自耕農，那些菜不但能自給自足，還能推銷給附近的中國餐廳，雖然談不上「大賺」，卻也能混口飯吃。第二，他們有多少力就出多少力，自動自發，達到強健身體的目的之外，也增進彼此的友情，彷彿一群兄弟和一家人住在一起，沒有家室之累，也不需要擔心虧本，反正大家分享田園快樂，以娛晚景而已。所以，他們作業的興緻很高，有時分工合作，但從來沒有發生過口角。

誠如其中一位鐘老先生所說：「中國人好像錢永遠不嫌少，七老八十還拼命賺來給子孫，我們把這些都丟在一邊，完全在體驗一分耕耘、一分收穫，實踐自力更生，和返璞歸真的美夢……。」

哇！聽起來真是令人嚮往，記得中國那位詩人讚嘆：「採菊東籬下，悠然見南山」，我猜想，那種情景和境界恐怕就像這幾則報載的內容了。但願國內的銀髮族在能力允許的範圍內，何妨也能倣效他們那種不拘世俗、農事強身的運動方式。

還有美聯社有一則電訊說：老人減少疼痛以柔和運動最適宜，他們發現做伸肢與靈活化訓練能減輕年邁帶來的疼痛。其間，有一句引述非常動人，值得銀髮族牢記在心。就是：「人到五十出頭，應該開始想到如何維持身體靈活，而不致跨進殘老的門檻……簡單的伸伸肢體仍不能取代多做運動……老年後要恢復靈活的身體比及早保持要困難得多……。」最後一段結論更是銀髮族的重大警訊：「肌肉和腱不常用就會縮短，又如果你少運動，又如果你老年後趨向脆弱，你也就更不能多做運動了。」

而今國內到處高樓大廈，工廠林立，各類建築佔據了活動空間，別說無處可以優游運動、賽跑漫步，連工作或作業性質都與昔日完全不同，再也不需要拿鋤頭、持鐮刀，戴斗笠到田裡、上山林……所有作業員通通可以坐在房舍內，吹冷氣、輕輕鬆鬆動動手腳，而很難得有汗流浹背、勞筋動骨的機會了。當然，這是動腦筋較多，動手腳較少，人類文明的一大進步，未嘗不是可喜現象。

但願銀髮族可別以為昔日吃過太多的苦，而今好不容易可以整天坐在電視機前觀賞形形式式的錄影帶，傾聽五花八門的流行歌，就疏於勞動身體，懶惰做四肢運動，那肯定會害了自己，結果也得不償失。

下面一位禪者的修行值得參考：

日本永平寺有一位八十多歲，駝著背的老禪師，在大太陽下曬香菇，住持和尚道元禪師看到以後，忍不住說：「長老，您年紀這麼大了。為什麼還要吃力勞苦做這種事呢？老人家不必這麼辛苦吧！我可以找個人給您代勞呀！」

老禪師毫不猶豫說：「別人不是我！」

道元：「話是不錯，可是要工作也不必選在這樣大太陽的時候呀！」

老禪師：「大太陽不曬香菇，難道要等陰天或雨天再來曬嗎？」

道元禪師是一寺之主，可以指揮僧眾，但遇到這位老禪師也只好認輸了。

那年冬天，我回台灣住在桃園縣蘆竹鄉南崁村，距離國機場不太遠，寓所附近早已形成密集建築，高樓林立，彷彿香港一般風貌，剛巧離我住處不遠有一塊面積不到一百坪的田地，顯然也在都市計劃內尚未動工的建地，我幾乎每天清晨目睹一位老婦人默默在種植高麗菜、空心菜、蔥和絲瓜等，少說有十幾種以上。起初，我以為她種來賣錢、補貼家用，像這些不施化學肥料的蔬菜必定受人歡迎，不愁賣不出去……我不停地暗自尋思。

誰知道後來所了解事實不是如此，反之，這位老婦的兒子媳婦全是附近國中的教師，家境不錯，而老婦人只是不願讓田地荒蕪，不種白不種，實在太可惜。哇！她原來也領悟了百丈禪師的勤勞習慣，同時給兒媳示範：「自己寶刀未老」，而這也使我想起一位醫生的話：

「年老後活動力減少，基礎代謝率下降，就會無可避免地肥胖起來，那麼，除了容易發生自然退化的關節炎，其他像高血脂、糖尿病、高血壓以及心臟血管疾病等一連串富貴症也會跟著來，所以，不要輕視肉體或四肢勞動。」

且別說情緒的話，也撇開政治批判，說真的。李前總統愛打高爾夫球，對他那樣年齡的人頂有益處，何況，他日理萬機，不打球休養一下心情，活動一陣筋骨，而苛求他整天坐在總統府辦公，實在有失厚道。其他所有「長」字輩的銀髮族若沒有打球或其他運動嗜好，當然也不會去勞作，也不妨以散步的天生伎倆替代，那也算蠻務實、又不花錢，若不，肯定會誤了身體、懊悔莫及。

例如，我的朋友都讚嘆我說：「你看起來至少比實際年齡少十歲以上。」接著問我養身秘訣是什麼？

我想來想去只有一項原因，那是每天一有空就在附近走路散步，當然，每天清晨一起來，沒有洗臉刷牙以前，就習慣到附近丘陵迂迴漫步，直到額前冒汗才踏上回程，前後大約一個半小時，這樣定時定量的身體輕鬆運動，無疑是最好的銀髮族養身秘訣，且人人不學也會，何樂不為呢？

24・年老貪未盡　苦惱難除掉

凡夫俗子對「財色酒氣」很難看得開，青年壯年還沒有話說，為了貪圖快樂，為了養家活口，理由一大堆，幾乎人人難免，但有些銀髮族即使兒孫滿堂，自己生活也不愁，人間的虛虛實實亦看透了，對這四大欲求的「財」與「氣」仍然耿耿於懷，甚至敢不擇手段去爭取，所謂「薑還是老的辣」，竭盡所能或無所不用其極，不達目的不終止，當真老賊之流也。

其中，原因出在「貪」字。說得難聽些，死到臨頭，自己也帶不走，不知貪財貪名有何意思？

報載台灣某專科學校一位退休校長，年屆七十，也曾任某財團法人執行長，竟侵吞公款一千多萬，成了通緝犯逃來美國，後因待不下去轉去大陸了，不消說，他以往所有功績和聲望全都泡湯了，且遺害子孫，自己逃到天涯海角，即使能逃得了法律制裁和刑警追蹤，但絕對逃不了因果業報，那是無相的法律，會永遠追隨他，至死也不放過。況在瞑目之前，也不可能有好日子過，實在活得不值得。

我有一位親戚當了一輩子鄉公所職員，晚年拿了一百餘萬退休金，以往奉公守法，有口皆碑，本想好好利用這筆巨額來養老，到處遊山玩水，滿足昔日因為家室之累而不能旅遊的宿願，本來他的身體也壯健，眼見就要落實理想之際，誰知那年國內股票飆到一萬多點時，環視周遭幾位親友都發了財，轉眼間比自己的退休金多出好幾倍，這一來，讓他也動了心，居然孤注一擲，把退休金全部投進去，不料，人算不如天算，不到幾個月就把所有退休金都泡湯了。

結果，雖說不會影響到生活，也沒被兒女們責備，殊不知害得他心痛得好幾年睡不好，一想到就不禁搖頭嘆說：「沒有發財命。」還不斷自我調侃、自言自語，可見年老也怕「貪」字。

我有一對銀髮族鄉親，五年前夫婦都從台灣公家機關退休，且都拿了很優厚的退休金，兩人加起來數目不算少，兩個兒子和媳婦都在上班。生活很不錯，他們有一個女兒僑居美國也有一份好差事，但是，老夫婦把退休金全部存在女兒帳戶裡，自稱是貧戶窮人，而向美國救濟機構領取救濟金，還口中念念有詞地說：「不拿白不拿，錢是多多益善，世間有誰會嫌錢太多呢？」我聽了很嘔心，暗忖：「這對銀髮族真缺德，貪求無厭的活見證。他（她）們不必領硬要領，一定害到真正需要領而又領不到的窮人。」

沒錯，世間有誰會嫌錢多，但也要看情形，所謂「君子愛財，取之有道」，像他們的年紀和境遇並不需要這筆錢，而今裝窮詐財，無異貪念作祟，不值得尊敬。

又有一個類似的貪婪老翁，家住苗栗擁有上億財產，還向政府領取生活津貼，直到縣府社會局全面清查中低收入的老人資料才被發現，同時也有一名老婦家產多達兩千萬元，也被誤列為低收入戶，而她每月照領不誤，從來沒有說自己夠生活，不用領啦！統統都是貪心過份的銀髮族，很不可敬……。

那年台灣首辦民選總統，競選者幾乎全是耄耋老年，雖然看來身體硬朗，也口口聲聲說「身老心不老」，「為民服務」，但誰也不知他們隱藏多少私心貪念？既使無意貪財，怕被揭發，但也不保證沒有貪名，企圖千古流芳!?

總之，「貪」字對銀髮族仍然要自惕，不能掉以輕心。以下有一位金碧峰禪師的例子，就是很好的參考。

金碧峰禪師自從證悟以後，能夠放下對其他一切的諸緣的貪愛，唯獨對自己吃飯用的一個玉缽愛不釋手。每次在他參禪入定之前，一定要先仔細地把玉缽收好。然後才安心地進入禪定的境界。

有一次，閻羅王因為他的世壽已盡，便差了幾個小鬼要捉拿金碧峰。但金碧峰禪師也預知時至，想和閻羅王開個玩笑，就進入甚深禪定的境界裡，心想，我在無住的禪定境界裡面，看你閻羅王有什麼辦法。

幾個小鬼左等右等，等了一天又一天，都捉不到金碧峰，就去請教土地公。請他幫忙想個計謀，使金碧峰禪師出定。

土地公想想說道：「這位禪師最喜歡自己的玉缽，假如你們能夠想辦法拿到他的玉缽，他心裡掛念，就會出定了。」

小鬼們一聽就趕快找到禪師的玉缽，拼命搖動它，禪師一聽到他的玉缽被搖得砰！砰地響，心一急，趕快出來搶救心愛的玉缽。

小鬼見他出定，就拍手笑道：「好啦！現在請你跟我們去見閻羅吧。」

金碧峰禪師一聽，始如因一時貪愛，幾乎毀掉自己的千古慧命，立刻把玉缽打碎，再次入定，並且留下一首偈語說：「若人欲拿金碧峰，除非鐵鍊鎖虛空；虛空若能鎖得住，再來拿我金碧峰。」當下進入了無住涅槃的境界。

（抄自『星雲禪話』第六集——）

哇！情狀有多危險，結果有多可惜！辛苦修行好不容易有如此禪定功力，一念之貪，幾乎毀於一旦；同理，銀髮族循規蹈矩一輩子，留給兒孫好榜樣。若一不小心，著了貪念，下場可想而知。所謂「走錯一步、晚節喪盡。」實在划不來，故要千萬自勵自惕，小心犯「貪」呀！

『慈濟』有一位感人的老太太，對「貪」的功夫修得非比尋常，她年過八十，被慈濟扶助了近二十年。在慈濟建醫院前，證嚴法師常去看她，後因建醫院太忙，法師才無暇去看她。一天，一位慈濟委員帶她去看法師，一看到就從口袋掏出兩千元遞到法師手上，說道：

「師父！這是給你蓋醫院的。因為來看我時，給了我一些壓歲錢，我都把它累積下來，這些錢我用不著，還是給師父建醫院吧！」

一個八十歲的老人，又是慈濟救助的對象，這二十年來，慈濟一個月只助她一千元及白米一斗。她都說：「太多了，夠了。」

她每天只一餐，盡量省吃儉用，把每個月剩餘的生活費累積起來，寄回來參與救濟事業。

雖然她的環境貧困，但是這麼知足，生活得這麼快樂，她的心地多麼富有啊！

（抄自『慈濟心燈』）

還有台灣近代有一位馳名的美術家李石樵先生，享年八十八歲，一生狷介，不說五斗米未曾讓他「折腰」，一生大半日子都生活在貧窮中，但他仍然不會多貪錢財而賣畫、求人，寧可在自家後院養雞、撿雞蛋。後來，他的畫價高漲，也仍不為錢財所動，而賣出不願出售的作品。有一次，國泰大財團某位蔡董事長想買他一張畫，沒想到他一口回絕，不斷地說：「有錢人我不賣啦！」

他不愧是真正不貪財的銀髮族典範哩！

第八章

從禪道悟解銀髮族的暮鼓晨鐘

25・不肖兒女　預防在先

那年春季，台灣老人基金會公佈一項很可怕的統計數字，指出各地有成千的銀髮族被人虐待，有的遭到身體和精神的禁錮，有的衣食匱乏無法享有自由的晚年生活；基金會還決定要為幾十個個案向法院舉發子女遺棄或傷害父母等罪行。

該會在不到一年裡，居然收到一千多件老人受虐案，其中有八成以上受子女遺棄或毆打、辱罵等程度不一的身心虐待。如仔細看調查內容，不禁讓人嚇一大跳。例如，一個七十歲的老人被親兒子綁上鐵鍊關在家裡，每天只給他幾個麵包吃；又有個兒子為了變賣老父的房子不成，便詛咒父親早死，又搬走全部傢俱，並打破門窗……乍讀下，讓人嘆息「養兒防老」的觀念已經破產了，縱使不全然如此，銀髮族也要有些心理預防呀！

果真有那位老人碰到這種人倫悲劇，不該聽天由命或任憑逆子（女）擺佈，除了迅速央求老人基金會協助外，也不妨懇求親朋好友從中勸誘不肖兒女，在最不得已的情況下，也可請法院依民法裁判，這種子女不孝敬父母，也不可能教好自己的子女，有樣學樣，以後也會教出不肖國民來危害社會，後患更大。

依禪者看來，銀髮族是堂上的活佛，不能孝養，就得惡報。下則佛陀的教化可作不幸銀髮族的參考：

有一次，佛陀在王舍城遇到一位老乞丐，身上穿得又髒又破，非常悽慘。

佛陀走前問他說：「你怎會這麼狼狽呢？難道你沒有兒女嗎？」

老人答說：「我有兒子，有田園，也有房子。兒子出生時，我很高興，所有的希望都放在他身上。兒子小的時候，我為了他認真工作、奮鬥事業，兒子大了，我為他娶妻、建立家業。不料，媳婦嫌我是老頭，兒子嫌我太囉嗦，他們不要我，我只好離家出門要飯吃。」

佛陀就問他，是否想回家？

老人說：「我怎麼不想回去？但是有家歸不得啊！」

佛陀就教他一首詩偈，並吩咐他走到那裡念到那裡。那首詩偈是：

生子心歡喜　為兒聚財物，
復為子娶妻　捨自家外出。
邊鄙田舍兒　違負於父命，

人形羅剎心　逆棄捨老父。
曲杖為最勝　為我防惡牛，
杖能劫惡狗　扶我暗處行。
避深坑空井　全仗此杖力，
杖能制一切　唯難制逆兒。

老乞丐把這首偈背熟了，走到那裡念到那裡。別人聽了都認為這個兒子太過份了，有人跑去罵他，也有人去勸他。兒子一聽到父親的心聲，反省自己，覺得非常慚愧，趕快把父親接回家，洗澡換衣服，孝順地供養他。

（錄自『慈濟心燈』）

有些兒女也許一時迷失，忘了孝順，若給予機會也可能改過懊悔，重新做個好兒女。

凡事有果必有因，世間現象皆不外如此，銀髮族的不幸遭遇，很多原因出在父母親身上，只是自己平時不察而已。若冷靜檢討之後，能再對症下藥，也會親子團圓，例如，證嚴法師自述一個案例——

一位委員向我訴苦，她說：「師父，我不把經濟大權交給媳婦，她好怨我！對我很不友善。但是，我純粹為他們著想啊！」

我告訴她說：「既然是為了他們，為什麼不做好人呢？趁現在你的身體還很健康，把大權交給媳婦，她可以自由發揮，你不但可以減輕責任，她會感激你，現在你守著這些錢使她怨你，將來有一天你若是病了或一口氣接不上來的時候，錢不會為你請醫生，你對錢也是無可奈何，倒不如現在歡歡喜喜將大權送給媳婦，她在感激之餘，自然會對你好，也會感激你。」

第二天，她真的這麼做了，媳婦問婆婆說：「你為什麼改變主意了。」她說：「我想通了，現在你先生賺錢，由你來持家，才是最適當。你只要給我一項自由，當我需要錢時，你能給我就好了。」

媳婦說：「媽媽不必你伸手，我每個月給你兩萬元。這樣夠嗎？」

第二個月見面時，這位委員說：「多謝師父，我現在才是真正的快樂人生。一來我不必負擔責任，二來媳婦每個月都給我兩萬元，要做事也夠了，以前我連兩萬元都沒有，因為我不敢超出預算啊！」

這是老人家由迷轉悟，破涕為笑的例證，有時解鈴仍需繫鈴人，銀髮族自己也可從另一角度來思考問題或退一步協商，別把事情惡化成悲劇。關於這方面，銀髮族不能老是用舊觀念看問題，要意識到社會變化迅速，自己得千方百計跟上時代的步伐；反之，兒女對孝敬和供奉父母的涵意有必要調整和擴大。若發現雙方意見有分歧，不能完全歸罪兒女，自己也要三省吾身。此外，不要把孝敬以外的事，歸納到孝順的範圍內解釋，這一來，問題會更複雜，以至不可收拾，那就罪孽大矣！

我認識一對銀髮族夫婦都是虔誠的佛教徒，家境還算富有，且老夫婦的財產也尚未過繼給獨生子，但是，媳婦和孫子全是熱心基督徒，有時跟媳婦未免因信仰而發生不同意見，老夫婦很不開通，思考很頑固，開口閉口指責媳婦是「番婆」，以為不信佛法都是邪魔外道，結果是，媳婦對公婆的態度自然貌合神離，未盡圓滿。

有一天，我勸那對銀髮族說：「佛渡有緣人，你們跟她溝通不來，講了再講都沒用，表示她信佛的因緣還不成熟，你們不能因此鬧僵了。這樣就不是學佛修禪的態度了。」幸好他們聽了從善如流，公婆與媳婦才沒有鬧成不愉快。

俗語說：「子不教，父之過。」家庭教育在變化劇烈的時代更顯重要，既然演成悲慘的代溝，冰凍三尺，非一日之寒，銀髮族要有耐心去破解眼前的惡緣惡果，才有破鏡重圓的機會。

26·對治憂鬱　須靠自己

由中國醫藥學院、慈濟醫學院及耕莘醫院等醫療單位，組成調查團在新店地區研究銀髮族憂鬱情緒的問題，受訪者都在六十九歲以上，這次取得二百七十四份有效樣本，結果指出兩成左右老人一直「憂鬱」度日，尤其是超過八十歲的老婦，生活能力有困難或有慢性病者，罹患憂鬱症情況最嚴重。不消說，憂鬱會影響疾病治療，增加死亡風險。現在，不妨贅述幾件憂鬱銀髮族的實例。

㈠、李奶奶近日沈著一張臉窩在藤椅上，不作家事、不看每天習慣那幾卷連續劇、不澆花也不抱孫子，人一直變瘦，一天早上，警察通知說，她在河邊徘徊沈思……兒子帶她去看醫生，醫生說李奶奶患老年憂鬱症，李奶奶說活著沒意思，早死算了。

㈡、自從打橋牌老友去世後。張爺爺就不時一個人哀聲嘆氣，慢慢地渾身不對勁！他一向喜歡單獨居住，不愛煩擾子女。不料，近來常說全身不舒服。看過各科醫生，醫生也說不出原因，給了一大包藥，吃了也沒見效。最後，有一個心理醫生說：「這是神經衰弱症、老年鬱卒，要多多運動，不要亂想。」

㈢、胡老媽近來一直睡不好，因為上週在百貨公司看到一件好衣服，嫌貴捨不得買，等到想回去買時，卻被人買走了，她一想到這件事，既懊悔又生氣，以致無法成眠。

醫生們說諸如此類的病例，在精神科門診愈來愈多了。聯合國衛生組織指出，老人憂鬱症可能成為對銀髮族最有殺傷力的病症。

那麼，銀髮族憂鬱的症狀是什麼呢?最常見的是情緒低落、想哭、人生乏味、無精打彩、對原來感興趣的事不再起勁、反應遲鈍、變得依賴感加重。還會有身體上的不適，例如，失眠、食慾衰退、頭痛、腰酸背痛、胸口悶等。有些銀髮族有慢性病，久病使人發愁，最後，憂鬱症便會加重了。

其次是他們憂鬱的原因，在於銀髮族的生活通常很寂寞、孤獨、行動緩慢、智力減退、體力差，飲食與睡眠少，生活圈子狹窄，使他們覺得老了不如人，易生挫折感。

而今世界先進國家都進入老人化現象，意謂銀髮族人數愈來愈多，不但增加政府財政負擔與照顧的困擾，同樣地也使銀髮族的憂鬱症給整個社會帶來意外的負面影響。所以，銀髮族的身心健康成為世人關注的課題了。

醫生們建議，趁早培養多重興趣及健康的本錢，凡事獨立，免得老來覺得沒有依靠；如果發現自己變得失眠或嗜睡、注意力不集中、經常自責，且這些症狀持續兩週以上時，就該去看精神科醫生了。

若依禪者看來，除非病重得不能移動或已經奄奄一息，否則，努力落實禪的生活方式，來治療銀髮族的憂鬱症是非常有效的。依據上述醫生們透露的病因，有些是出自生理、有些出自心理，而這兩面都能靠禪的行住坐臥和起心動念等秘訣來對治。讀完下列禪師們的表現，應該不難理解。

㈠、一位初學的年輕學僧，要想到叢林裡面學禪，他就請教趙州禪師說道：「我是剛入佛門的求道者，誠懇請求老師給我一些特別教示，以便早日契悟禪道。」

趙州禪師問這個青年說：「你吃過飯沒有？」

那個年輕的學僧回答說：「謝謝，我用過了。」

「你既然吃過飯，去把自己的碗盤洗淨了吧。」

這位年輕學僧過了一會兒，就來報告趙州禪師說：「我已把碗洗乾淨了。」

趙州禪師又再說：「你去把地掃一掃吧。」

初學的青年非常不滿地說道：「我們來參禪學道，難道除了洗碗掃地以外，老師就沒有別的禪法教我嗎？」

趙州禪師也不客氣地說道：「除了洗碗掃地以外，我實在不懂還有什麼叫做禪法。」

這就是身體與心理平衡的健康教育，動手動腳以外，又不必花費太多心神，就能照顧好自己的飲食生活，培養獨立心，正是對治銀髮族慢性病與憂鬱症的不二法門。

㈡、鼎州禪師與沙彌在庭院裡經行，突然刮起了一陣風，從樹上落下了好多樹葉，禪師就彎著腰，將樹葉一片片地撿起來，放在口袋裡，在旁的沙彌就說道：

「老禪師！不要撿了，反正明天一大早，我們都會打掃的。」

鼎州禪師不以為然地說：「話不能這樣講，打掃，難道就一定會乾淨嗎？我多撿一片，就會使地面多一份乾淨啊！」

沙彌又說道：「老禪師！落葉那麼多。你前面撿，它在後面又掉下來，您怎麼撿得完呢？」

鼎州禪師邊撿邊說道：「落葉不光是在地面上，落葉在我們心地上，我撿我心地上的落葉，終有撿完的時候。」

沙彌聽了始悟禪者的生活是什麼？

這則禪話可有幾種解說，其中一種是老禪師本來有權命人去打掃，但他寧可棄權，反而親自彎著腰將落葉一片一片撿起來。滿地落葉，將是多麼好的運動，難道不能防止銀髮族的慢性症嗎？不慌不忙、消遣心神，也正好對治憂鬱症。禪者修行不離端茶、煮飯、打柴，挑水，配合諸多因緣才能領悟。如果今天銀髮族動輒用機器割草和打掃，表面輕鬆，少用手腳和身軀，其實內心煩惱很難掃清淨，也許反會加重自己的憂鬱病哩！

此外，我再介紹幾則銀髮族消除憂鬱的範例：

國內有一位「教師的老師」—高梓校長，被譽為「五十年來基本教育最偉大的教育家」，她在教育路上走了七十年，九十三歲高齡，仍在文化大學舞蹈系開課任教。退而不休，既能運動身體又能傳道授業，滿足心願，當然不會憂鬱了。

我家鄉一座教堂有一位趙老師，年過七十歲，仍義務在晚上去教堂擔任學生課後輔導，他說：「讓自己有事做」、「讓自己保持活動」也是蠻快樂。

總之，要使自己保持忙碌，忙於各種公益活動，吸收新知和老友聚會。身心不要閒著。

最後是按摩身體或做瑜伽也能使身心愉快，而這種事自己也能做，不必求人，最為簡易。

27·處變不驚 莊敬自強

美國新移民法實施，許多老年移民的社會福利金被迫取消了，有些老人乍聞後震撼非同小可，簡直痛不欲生，例如，有一位銀髮族覺得以後不曉得怎樣活下去！傷心之餘，跑去上吊了。

反之，有一個年滿七十八歲卻未見白髮的林老太太，秉著離婚後在美國胼手胝足，自食其力的毅力與精神說：「如果拿不到政府的補助，我只好繼續工作，反正老人不能閒著不做事，等待別人來扶養啊！總有適合老人的工作吧！」言下表示自己不太在乎補助金被取消，一股再奮鬥、再打拼的意志油然而生了。

我聽一位醫生說過，有些老人乍聞自己患了絕症，立刻痛苦哭嚎，哀慟至極，造成治療上不少困擾；反之，有些老人聽後十分冷靜，開始認真思考自己到底還有那些事要趕緊安排或提前處理，免得來不及做……。

總之，這是兩種迥然不同的心態，倘若撇開情緒話與價值觀不說，在一反一正的例子裡，似乎以後者比較明理和睿智。換言之，即使猝聞惡訊或身處絕境，不必馬上失措慌張，應該儘量冷靜下來，思考有無突破的方法，事情未到最後關頭，不要輕言放棄與絕望，同時避免忙中有錯而失去自救的機會。

報載兩個例子巒有趣，也很符合本文的旨趣，列述於下：

美國有一位七十歲的老婦在某天洗澡時，坐在浴缸中，竟然再站不起來，就這樣在浴缸被困七天。這位老婦名叫路易絲，原先她在浴缸泡了二十分鐘，感覺舒服極了，接著，她放了水，準備起身，不料始終站不起來。因為四周窗戶緊閉，她呼叫無門，當然她是一位獨居老婦人，這時，她只有無助地坐在浴缸內。可是，她沒有驚慌失措，她知道驚慌也沒有用。於是，她靠喝水維持生命，她知道自身重量有一百四十五磅，身上有足夠脂肪讓她消耗，同時更重要的是，她有一隻愛貓也在身邊，給她精神力量支持下去。

就這樣，她唱著自己喜歡的歌，想著上帝，便過了七天。結果，她的好友因為幾天未見到她，故打電話報警，警員破門而入，才把她救出來。事後，連警員也高度讚嘆她死裡逃生，全靠堅強的求生意志，堪稱一位卓越的銀髮族。

台北市有一位彭老先生八十五歲那年，患了冠狀動脈阻塞必須開刀，即使靠現代醫術也有高度危險，家人替他擔心，也反對他去開刀，親朋好友都憂心忡忡，暗忖他的死期近矣。誰知彭老先生說生死有命，該做的就該做，毅然接受手術了。結果一切順利。不久照常爬山，還不斷調侃自己：「卡老也無關係。」這也是一位臨危不懼的銀髮族榜樣。

當然，惡訊來得意外，讓人猝然吃驚是可以理解的，恐怕任誰都難免，這時自救之道還是那句老話——一切靠自己，而這也跟一則禪的公案不謀而合，可見禪道既是生活實典，也是智慧指引，跟人類的生存有密切關連。

有一天，佛印了元禪師與大文豪蘇東坡，一起在郊外散步時，途中看到一座馬頭觀音的石像，佛印立即合掌禮拜觀音。

蘇東坡看到了覺得很疑惑，忍不住問道：

「觀音本來是我們要禮拜的對象，為什麼他的手上與我們同樣掛著念珠而又合掌念佛，觀音到底在念誰呢？」

佛印禪師：「這要問你自己。」

蘇東坡：「我怎麼會知道呢？」

佛印：「求人不如求己。」

乍聞下，「求人不如求己」是老生常談，也是耳熟能詳，但一般人常常忘了落實，尤其銀髮族由於身體老邁、病痛不斷，容易失去求生意念，若逢善知識來開導或提醒，那是天大的福報。例如，一位老婦因患肺癌到了末期，她自知來日無多，埋怨自己的命苦，後來，慈濟證嚴法師來看她，開示她說：「病的時候，就要歡喜接受、專心的病、歡喜的病，把痛苦轉為痛快吧！」

她聽了就想：「對呀！同樣是痛，為什麼不痛得快樂，而要痛得那麼辛苦呢？愈是苦，精神上負擔就愈沈重，若能將痛轉為快樂，精神就輕鬆了，我應該聽師父的話。」

雖然她的癌細胞已經開始擴散。但她表現得與常人無異，直到死前的兩天才進院，但她卻拒絕進入加護病房。

她坦然的說：「師父說過，來就自由的來，去就自由的去，不要將我送進加護病房……。」就這樣，她輕輕鬆鬆的走了。

生命是自己的，既知它是無常，又是世緣已盡，就不做非份之想，要苦要樂，決定於一念之間，也全憑自己做主，而不必求助於別人，結果才能走得輕鬆自在，這也是「求人不如求己」的風範，可供銀髮族反覆省思。

28．關愛適可而止　過之有後遺症

報載一位老母親跟兒子住在一起，母親除了早晚替兒子料理三餐，也為兒子購衣洗衣，打點得很週到。每天上班後，老母親總會在他抵達公司十分鐘左右來電話問：「到了多久？」因為老母親計算一下時間，看看兒子平安到達了嗎？一天裡至少來了四、五次電話，如果在下班後若干時間內還沒回到家，老母親就會出來站在門口引頸觀望，等著兒子回家，這一來，讓兒子心理壓力很大，幾乎被關懷得動彈不得，非常痛苦……。又有一位老先生很愛幫女兒女婿的忙，他們上班後，老先生獨自在後院菜園種花澆水，惟恐女兒女婿回家沒空，竭盡自己所能來協助，誰知有一次昏倒在菜園，幸好女兒下班發現，急送醫院，才知老父的舊病——胃潰瘍復發了。醫生說，老先生心理壓力大，也過份勞累，需要長期休養……。

以上兩例凸顯一個事實——過份關愛兒女，反而成了他（她）們的負擔。惟今之計，只有調整關愛的方式，首先要銀髮族理解愛心與付出要適可而止，他（她）們獨立了，有充份能力自理生活的一切，倘若不斷提攜，過份耳提面命，無異是一種嘮叨，讓他（她）們推也不是，不推辭也不是，實在很為難，如果太過爭執，肯定會傷感情。所以，銀髮族要識大體，讓成長的兒女在挫折中趨向成熟，父母親不能教他（她）一輩子，各有各的天地和活動性質，不能永遠混淆不清啊！

六祖慧能出身貧寒，一生很不幸，父親早逝，遺下年邁的母親和他，遷移到南海過著艱困的日子。一天，他在一間客店乍聞「金剛經」，心裡豁然開悟，不久，承蒙一位客人給他十兩銀子做安家費，當作母親的衣食資糧，之後他去黃梅縣參訪五祖了。不過，他母親並沒有因為獨子出外參學，捨不得放他走或硬要跟他去，可見她很識大體，不會去擾亂他，造成兒子的精神負擔。

還有道謙禪師有一則公案，頗具啟發生性。內容如下：

一次，道謙禪師與好友宗圓結伴參訪行腳。途中宗圓不堪跋山涉水的疲困。所以三番兩次鬧著要回去。

道謙禪師安慰他說道：

「我們已經發心出來參學，而且走了這麼遠的路，現在半途放棄回去，實在可惜。這樣吧！從現在起，一路上如果可以替你做的事，我一定為你代勞，但只有五件事我幫不上忙。」

宗圓問道：

「那五件事呢？」

道謙禪師不慌不忙回說：

「穿衣、吃飯、大便、小便、走路。」

宗圓聽了大悟，之後不敢說辛苦了。

同理，銀髮族對兒女的關愛也如此，兒女們有更遠的路要他（她）們自己走，只要在幼小時期給予充份睿智的教育，彷佛教示他（她）怎樣渡過獨木橋？但不必牽著他（她）的手一起走過去。事實不允許，美國家庭認為高中階段以前靠父母，上大學要獨力完成，父母偶爾支援，到社會以後全靠自己了。但願我國銀髮族也能倣效，縱使天下父母心，也要體認道謙禪師那五件事是父母親愛莫能助的……。

最後，請看惠心禪師的母親深明大義，再三鼓勵兒子要發心立願，成為一個有成就的僧者，她是很不平凡的銀髮族，值得後人敬重。

當惠心禪師在十五歲當一個小沙彌時，聰明伶俐，就受到朝廷皇上的召見，得到不少賞賜。他將這些賞賜送給故鄉的母親，以表孝思，但母親回給他一封信，表示不同的看法，母親的信上說：

「你贈送給我的東西，又是皇上的賞賜，我當然十分歡喜。但是，我當初送你學道為僧，是希望你做一個有修行的禪者，並不希望你一生都在名利場上生活。如果只好世間的虛榮，將是違背我的心願，希望你收到此信時，要牢記何謂『真參實學』，何謂『人天師範』！」

惠心收到這封信後，便立志要做弘法的宗教家，由於受到母親的感動，打算明年暑假返鄉探親。不料，母親來函告誡說：「我既已送你出家入道。你就成為佛門弟子。也為一切眾生所有，而就不再是母親一個人的了。今後你應該做如來的『佛子』，孝順師長，親近三寶，不可只以母親一人為念，明年暑假探親的事要從此打消！」

反觀現代銀髮族不乏要留存更多財產和事業給兒女，甚至把一切既得利益轉讓給子孫，殊不知溺愛可能造成禍害，讓兒女失去挫折教育的機會，故要從長遠看，兒孫自有兒孫福，一枝草一點露，千古名言，可做銀髮族對待兒女的暮鼓晨鐘！

29・擇居座右銘　悟解才自在

趙州禪師一生疏散不羈，過著隨遇而安、隨緣、隨喜與隨眾的生活，從來都是處處無家處處家，而至他一生雲水，到八十多歲都在外面行腳，有詩說：「趙州八十猶行腳，只為心頭未悄然，即至歸來無一事，始知空費草鞋錢。」

有一天，他行到雲居禪師處，雲居禪師問道：

「你年紀也這麼老了，仍到處奔跑，為什麼還不找個長居安身的住處？」

趙州禪師聽後，像什麼都不懂似地問道：

「怎麼樣才是我長居安身的住處呢？」

雲居禪師道：「山前有一處荒廢了的古寺基地，你可以把它修復好居住。」

趙州不以為然，反問道：「老和尚為什麼不自己去住呢？」

又有一次，趙州禪師到茱萸禪師處，茱萸禪師問道：

「你年紀已這麼老了，仍然到處雲遊行腳，為什麼不找個地方住下來，安心修行呢？」

趙州禪師感慨地說道：「你說什麼地方可以給我住下來安心修行呢？」

茱萸禪師不以為然地反問道：「你不必問人，總之，你年紀這麼老了，連自己的住處都不知道，像你這樣的說話可以嗎？」

趙州禪師聞名，不禁肅然起敬地回答：

「我三十年縱馬馳騁山水，隨緣生活，想不到今天才被驢子踢了一腳。」

（抄自「星雲禪話」第二集）

這則禪話點破銀髮族拘泥住處，無異蠢事一樁，自尋煩惱。反之，應該隨遇而安、隨緣、隨喜和隨眾才是居住的基本原則。

例如，一位張老奶奶住在郊區一間高雅舒暢的安養中心，坐擁一望好山水，卻不會領會，只會埋怨：

「養兒育女到頭一場空，現在還不是住進養老院，我的命好苦呀？我白養他們了。」

接著，她一陣嗚咽哭泣，且出聲罵兒子媳婦沒好心。

其實，情況倒不似張奶奶所說那樣，而是她自己太拘泥非跟兒媳同住不可，完全昧於工商社會的觀念改變和現實需要，住在安養中心不代表兒媳不孝，勿寧說，她反而應體恤兒媳早晚忙著上下班，又要接送兒女上下學。沒空晨昏定省和爐邊夜話。何況，這裡也有比家裡更現代化的設施、服務，以及更多友情，廣結善緣比以往任何時期都要有機會。還有兒媳每逢周末、假日都攜帶她愛吃的東西來，冰箱放滿自己中意的食物，那副真情流露的溫馨遠比在家大家忙得團團轉，疲倦沒有好臉色的情景好多了。有時年輕夫妻失和，氣在心頭連自己也被波及，還倒不如住在這兒擁有完全屬於自己的窩哩！

誠如臨濟禪師所說：

「隨處作主，立處皆真。」

這意謂人不論置身何處，都要能心如虛空、無所掛礙，不拘囿於任何事物，才能做自己的主人。

我家鄉有一對務農的老夫婦也一樣，以前生育三男兩女，夫妻早晚拼命工作，兒女也偶爾幫忙，幸好每個孩子都會讀書，接著考上理想學校，畢業後順利找到工作，直到男孩娶妻、女孩出嫁後，老夫婦才完全退休，把田地轉租給人種雜糧，老夫婦輪流住在每個兒子家裡，甚至也去女兒家小住，可喜每個兒媳都歡迎他們去享福，有意竭盡孝道，真是善有善報，讓鄰居親友都羨慕不已，紛紛猜測他們除了今生種善因外，肯定也有上輩子的福報還沒享完吧！

其實，外人只看到外表，不知這位老農婦心裡並不快樂，老農夫還蠻好；原因是，老農婦出身的老奶奶一輩子習慣大權在握和勤勞家務，總是閒不下來，也看不慣媳婦居家的表現，不時嫌惡這個媳婦懶惰，假日也不愛打掃廚房，放眼望去，好骯髒的環境啊！也埋怨那個媳婦總愛假日往外跑，也不偕帶自己去逛逛，想起當年自己何曾有這種享受，而今年輕就這麼懂享樂，怎麼得了呢？……這一來，她與每個媳婦都鬧不愉快，偶爾起口角，一氣之下，老夫婦乾脆搬回農舍老家了。誰知住一陣子又嫌寂寞，更想念孫子孫女兒，好想搬回去呀！

總之，這又是昧於隨緣居住、隨眾隨喜的禪理，才會無端惹出一大堆煩惱，印證「天下本無事，庸人自擾之」的古訓。

佛陀出身釋迦族，一輩子在外地奔波弘法也老死在異地？達摩祖師到中國後，住在嵩山少林寺，直到年老圓寂也都住得很自在，而沒有嫌棄那不是祖國鄉土哩！

銀髮族不論是不是跟兒媳同住，都不宜太挑剔環境與人事，那不是自己能作得了主，看在眼裡，隨它去吧！捫心自問：吃飽身好和精神好，就會自在如神仙，才是最重要的課題。

慈航法師說得對：「只要自覺心安，東西南北都好。」可做銀髮族擇居的座右銘啊！

再引幾位禪師隨遇而安，不拘居然的例子，讓銀髮族深思倣效，早日脫離獨居的苦悶。

法眼禪師在慶輝禪師處參禪，過了很久，始終不能契悟入道，於是他就辭別慶輝禪師開始四方雲遊了。

一天，外面忽然下雨，就到附近的地藏院裡面去掛單。地藏院裡面的知客師見到有人來掛單，就問他說：

「您這位禪師要到那裡去？」

法眼禪師回答說：「我沒有什麼目的，只是隨便走走。」

知客師聽了以後就再問說：「像你們雲遊行腳的禪師，經常四方來去，這一種雲水生活有何感受？」

法眼禪師回說：「雲水隨緣。」

知客師聽了亦很欣賞，始知這是最逍遙的日子。

而今地球村的時代，許多人舉家遷往外地找尋更好的空間和事業據點，有些銀髮族為了探親或投奔兒女，也到異國去養老團聚，若能倣效禪者雲水隨緣的擇居態度，入境問俗，欣賞多元化的外國習俗，而不任意指責或禁足在家，囿於「非我族類」的狹窄觀念中，那也能活得自在逍遙，往後即使把老骨頭埋在他鄉，也是人間到處有青山，天堂不侷限在家鄉呀！

最後，奉勸銀髮族欣賞『無門關』一句禪話：

「春有百花秋有月，夏有涼風冬有雪。若無閒事掛心頭，便是人間好時節。」

只要心無掛礙，跟著誰住或住在那兒都一樣，春夏秋冬都是他（她）們的好時節。

30・死得冤枉　說也可憐

任誰讀了下面的故事，都會忍不住嘆說：「傻瓜做傻事。」其實，這是慈濟證嚴法師透露的真人真事，有名有姓也有地址和經緯，不妨詳述於下：

花蓮的嘉里苑有一個孤苦無依的拾荒老人，一年到頭都穿著一件破舊的衣衫，看起來既憔悴又可憐。

我們的委員就追蹤準備去救濟他，到他家一看，一間低矮的房子，牆壁破了，門也掉了。從此我們開始救濟他了。

他原來患有肝病。我們將他送到醫院，醫院表示，他的肝病具有傳染性，必須住隔離病房。花蓮的隔離病房既骯髒又乏人照顧，我吩咐慈濟委員們要經常去看他。

有一天他血流滿地，委員們也不怕髒去照顧他，為他打掃環境，送飯給他吃，當他看到伙食的時候，問委員：「伙食是不是由你們付錢？」

我們的委員告訴他：「是的，你放心的吃吧！」

我們為他付了醫藥費，並且照顧他。幾個月之後，他往生了。

往生之後，護士都不敢進病房，她們通知委員：「你們的老伯已經往生了，裡面有一些破爛的東西，請你們來為他整理。」

屋子裡有很多東西，其中有一卷，外面是用破衣服、破褲子包裹著，最裡面再用報紙包著。委員一層層拆開來，裡面有一本存摺，還有現金及黃金。存金簿的金額，在當時是相當大的，委員馬上到銀行查詢。

這時，大家才知道：老先生是光復後，新城國中的校長，有一個兒子在國外讀書。他每年都由銀行匯錢給兒子，自己則一省再省，捨不得吃，捨不得穿，為錢財做了一輩子奴才，最後，他還是走了，兩手空空的走了，世間一切有形的物質，他一樣都沒帶走。

（抄自『慈濟心燈』）

故事凸顯出死者的愚癡、過份執著金錢，連自身最起碼的飲食、健康都捨不得花，且昧於無常對銀髮族的苛薄與迅速、不會預先安排錢財也沒有妥善交待後事，簡直是白活了。若依禪者的話說，愚人執著「我」和「我所有物」，殊不知那些都不外緣起生滅的東西，是無常的、易壞的，沒有我，也沒有我所有物。

所以，佛陀告誡徒眾說：

「愚人苦惱表示：『我有兒子，我有財產！』我且不是我，何有兒子和財產？」（『法句經』之十二）

顯然，這個人的生活違背禪理，因為禪者懂得放下，很會享受生活，例如，佛陀住世時，有一個名叫黑指的婆羅門，來到佛陀的座前，運用神通。兩手拿了兩個花瓶站在佛陀的前面，想要以兩瓶花奉獻給佛陀，且想請佛陀開示法義。

佛陀看到黑指婆羅門時，就說了兩個字：「放下」。

對方聽了以為佛陀叫他花瓶裡的花放下，於是將左手那個花瓶放下來。佛陀又說：「放下。」

黑指婆羅門一聽，以為佛陀要他把右手那瓶花也放下來，所以，他就把右手的花瓶又放下來。

不料，佛陀依然吩咐他說：「放下。」

這時，黑指婆羅門不禁疑惑地問道：「我雙手的花瓶都放下來了，雙手已空，還要我放下什麼呢？」

佛陀說道：「我叫你放下，並不是叫你放下手上的花瓶，而是要你放下你的之根、之塵、之識。你若能放下那些，其他一切就顯得不重要了，這樣才能從生死桎梏中解脫出來。」

這時，黑指婆羅門始知「放下」的含義，結果，內心仍然留存強烈的功名、利祿、計較、是非、榮辱、有無、得失，而這些都會造成心上沈重的壓力，把自己綁得緊緊，耿耿於懷，也會死不瞑目。所以，「放下」即是解脫之道。

還有默仙禪師的開示也充滿了睿智，可以啟發這些貪婪過頭，一生執迷金錢的銀髮族！

有一位信徒央求默仙禪師說：

「我的妻子慳含吝嗇，對於好事義舉一毛不拔，請你慈悲到舍下一趟，給我太太開示幾句好嗎？」

默仙禪師答允前去。

當禪師到達他家時，他的妻子出來迎接，但一杯茶水都捨不得端出來供養，禪師就握著一個拳頭說道：

「夫人，你看我的手，若是天天這樣，你覺得怎樣呢？」

夫人：「那是有毛病，畸形呀！」

「這樣是畸形，一點兒沒錯！」默仙禪師一邊說，一邊又伸手在一個手掌，問道：

「假如天天這樣子呢？」

夫人：「這樣也是畸形！」

默仙禪師馬上解說：

「夫人！沒錯，這樣是畸形，那樣也是畸形，錢若只知貪取不知布施，或只知儲存不懂得用！也是畸形。錢要流通，要能進能出，也要量入為出才不是畸形。」

這個太太聽了這則譬喻，始知用錢之道。

同理，銀髮族要保存起碼的「老本」。也就是養老費，多餘可做布施或娛樂自己，生前做妥善規劃與分配，總比死後充公或任人處置睿智得多。上述那位死者顯然昧於這個道理，可憐可悲亦可嘆！

31．阻止記憶衰退　唯有仰賴禪道

日本田園都市厚生醫院院長春山茂雄博士寫一本『腦內革命』，短短十六個月內，洛陽紙貴，售出三百多萬冊，可知它受人重視的程度。

書裡談到人類記憶力好壞跟頭腦好壞沒有關係。記憶力好與壞是依據頭腦內的嗎啡多寡來決定！因為這種腦內嗎啡可調高我們的記憶力，若無記憶減退，也自然不會有老年癡呆症了。換句話說，人類若要防止記憶減退，就必須增加腦內嗎啡，那麼，銀髮族也不例外，只有拼命增加腦內嗎啡了。

且看詳情於下：

作者提及腦內嗎啡的增加有三種方法：⑴飲食、⑵運動、⑶開朗的心情。飲食目標在低熱量，每餐只吃七分飽或八分飽即可。低熱量的膳食也符合長壽的要求。每天至少做五千步散步，這不但能提高腦內嗎啡的生產，防止記憶衰退，又能燃燒肌肉的脂肪，防止糖尿病與高血壓的發生。

作者自己年過七十歲每天經常走一萬三千步。若選在安全地方散步，可以邊走邊愉快思考。銀髮族若有開朗的心情，處事採取樂觀的態度，也就是「想得開」、「破執著」、「放得下」。那麼，他（她）的「腎上腺皮質」就會分泌β內啡呔，這種賀爾蒙就是腦內嗎啡，能除去百病、增加記憶，防止癡呆也不在話下了。

以上是那本書的概要，提醒銀髮族怎樣阻止自己的記憶減退，乍讀下，記憶減退的秘訣非常符合禪者的生活態度，禪者的飲食當然熱量不頂高，魚肉也在禁吃之列，以植物與豆類為主。至於運動與開朗心情都是禪僧的修行項目，落實在行住坐臥和起心動念中，有以下禪話為證：

無德禪師收了不少青年學僧，大家慕名而來跟他學禪，禪師叫大家把所有一切不准帶進山門。在禪堂裡，他要學僧「色身交予常住，性命付給龍天」，但學僧有的好吃懶做、討厭工作，有的貪圖享受、攀緣俗事，無德禪師只好說了下面一段故事來啟發大家。

有一個人死後，他的神識來到一個地方，當他進門的時候，司閽對他說：

「你喜歡吃嗎？這裡有的是東西任你吃；你喜歡睡嗎？這裡睡多久也沒有人打擾；你喜歡玩嗎？這裡有各種娛樂由你選擇；你討厭工作嗎？這裡保證沒事可做，更沒有人管你。」

於是，此人高高興興地留下來。每天無所事事，吃完就睡，睡夠就玩、邊玩邊吃，三個月下來，他漸漸覺得有點不是滋味。於是跑去見司閽。並求道：

「這種日子過久了，並不見得好，因玩得太多，我已提不起什麼興趣；吃得太飽，使我不斷發胖；睡得太久，頭腦變得遲鈍；你能不能給我一份工作呢？」

司閽：「對不起，這裡沒有工作。」

「這種日子我實在忍不住了，如果你再不給我工作，我寧願下地獄。」

司閽：「你以為這裡是天堂嗎？這裡本來就是地獄啊！它使你沒有理想、沒有創造、沒有前途、漸漸腐化，這種心靈的煎熬，要比上刀山下油鍋的皮肉之苦更難受啊！」

（抄自『星雲禪話』第三集）

我們若仔細一想，禪者生活是搬柴運水、腰石樁米、犁田鋤草和早耕晚課，而這些正是阻止記憶減弱的不二法門；反過來說，禪者玩得太多、吃得太飽、睡得太久，整天無所事事，四肢不動，只會加速記憶力衰退。

此外，再讀下面兩位禪者的對話，便知步行運動對他們不是新鮮事，從這個道場到那家寺院，或從這位師父跑到另一位高僧處參訪，都要靠自己走路，而不可能乘騎，至於雲遊天下迢迢千里，何嚐不是最好的運動？例如，羅浮山的顯如禪師初訪湖北省大陽山警玄禪師，大陽禪師問道：

「你是什麼地方人？」

顯如：「益山。」

大陽：「益山離此多遠？」

顯如：「五千里。」

諸如此事，在禪僧傳記裡多得不勝枚舉了。

再說一休禪話某次教化一個脾氣暴躁、易怒又愛與人吵架的年輕人。他請示一休禪師說：

「師父，我以後再也不跟人家打架口角，免得人見人厭，即使被人唾面，我也會忍耐拭去，不會動手或責罵。」

一休禪師說：「何必呢？就讓唾涎自乾，不要去拭拂。」

「那怎麼可能？我為什麼要這樣忍受？」

一休說：「其實也沒有什麼不能忍受呀！只要把它當作蚊蟲停在臉上，不值計較或責罵，雖受吐沫，但也不是什麼侮辱，微笑去接受呀！」

「如果對方不是吐沫，而用拳頭打過來，那怎麼辦？」

「一樣對付，不要在意，他只不過一拳而已！」

年輕人聽了，覺得一休禪話教得太過份，世間那有這種忍耐？一時忍不住舉起拳頭向一休禪師的頭打去，並問：「和尚，現在怎麼樣？」

禪師反而非常關心地問他說：

「我的頭硬得像石頭，沒什麼感覺，倒是你的手打痛了吧？」

年輕人一時不知怎樣回答了。

禪者有這種忍辱行，難道世間有什麼還會使他們看不開，放不下的呢？既然這樣，禪者修行正是對治銀髮族記憶衰退的秘方，敬請所有銀髮族認真傚仿禪者風範吧！

32・恨鐵不成鋼　需要禪妙法

近幾年，有許多銀髮族探親來美國，或移民或短住的情形都有，他們跟兒媳，或跟女兒女婿，雖然隔了一代有些「代溝」，但也多半還能善意溝通，裂痕不大，反而跟孫子孫女的鴻溝比較深，彼此能夠善處的實例不多見。

依老阿公、老阿媽看來，孫子孫女的確活潑可愛，又是自己的骨血傳承，疼愛之情不在話下；無奈，他（她）們調皮得不像話，也許生長在「兒童天堂」的美國社會，不論家庭或學校，都非常尊重兒童的自主與自由，結果，小孫子顯得調皮過頭，天真得不像話，遠非台灣傳統家庭和社會環境調養出來的孩子，多少有些「敬老尊賢」或「敬重長輩」的念頭，看到阿公阿媽會表現乖巧一些或聽話一點，而美國孩子可完全不是這樣子。

台灣來的阿公阿媽如果無法適應兩個習俗的差異性，或用平常心來面對的話，往往會看孫子孫女不順眼，甚至氣得向兒媳抱怨；「你們怎麼這樣沒有家教？」或說「平時怎麼調教的？」諸如此話，我是屢聞不鮮了。

相反的情形絕無僅有，但是以下兩例，不妨一談——

有一位胡老太太移民來美國，在洛城跟兒媳和一個讀中學的孫女同住。兒媳倆都有自己的工作，早出晚歸，留下胡老太太和孫女在家的機會比較多些。這個孫女很聰明，但功課不頂好，因為她太熱衷課外活動了，凡是學校所有的社團她幾乎都參加，且表現活躍，自然影響成績。

這一來，父母親就不時跟女兒吵架。有一次，孫女一氣之下竟徹夜不歸，跑到一位女同學過夜，次日，父母親就想把女兒大大修理一番，胡老太太很坦護孫女，說道：「這個孩子本性不壞，平時也蠻聽我的話，從來沒有反抗過我，此次也許你們責備她太過份，讓她一時氣憤不過，只要以後多溫馨些，多花些心血，要有絕對信心才對，我保證她不會變壞。」從那以後，這個孫女果然溫順多了，學校功課也變好了，而今正在申請去耶魯大學就讀。

另一位林老先生跟女兒女婿一起住，家裡有兩個小孫子。其中大孫子特別熱愛運動，尤其籃球打得特別好，剛巧林老先生以前是學校的籃球代表之一，這一來，他就跟讀高中的大孫子談得特別投緣，先從球技談起，逐漸談到交友、事業和人生觀，結果祖孫倆幾乎成了忘年之交。

有時，大孫子跟父母親意見不和，發生爭吵時，幸虧由老祖父把大孫子勸退，事實上，大孫子也最聽從阿公的話，難怪女兒女婿都說：「我這個老大幸虧有他老阿公平時誘教有方，不然，像他那樣急性子，又外向好交友，在那所亞裔幫派很多的學校上課，恐怕早晚會出問題。」後來，大孫子到一所大學面試，校方問他在家庭和學校跟那些人最有來往，或誰對他影響最大？大孫子毫不遲疑地答說：「我的老阿公。」校方不解地問他原因？他就答說：「老阿公有一套本事和豐富的經驗提供給我。」

由此看來，祖孫代溝也非絕對不能填平或對治，況且上例的代溝非比尋常，祖父母生長在古老又傳統僵化的中國，依照美國孩子看來，無異徹底「莫名其妙」或者「看來不順眼、敢怒不敢言」。

其實也有罕見的例外，其中當然有奧妙，也就是禪者所謂「因緣果報」，而這個因緣不是天生固定，它是可以改變或塑造的，但是最大塑造權或能耐，仍然操在銀髮族的老阿公、老阿媽手上，因為「薑還是老的辣」，憑著銀髮族豐富的人生經驗，對孫子孫女觀言察色有一套本事，只要老阿公、老阿媽不要太執著己見，又肯入境問俗，那麼，怎樣掌握孫子輩的教育應該不是大問題。

反之，孫子孫女們生長在自由民主的環境，觀念思考都很有彈性，反應也很敏捷，不難從祖父母的教化裡得到自己意外的東西，所謂「相輔相成」、「相得益彰」不是無的放矢。這一點不妨印證下面一則禪話：

有位老禪僧修禪一甲子，出家幾十年，未求慧解也未開悟，經常悔恨不已。一天，他目睹一位青年法師向一群人講述四聖諦，不禁十分敬佩，便拋下身份很誠懇地央請對方開示指引。青年法師反而趁機戲謔老禪僧說：「你只要天天以美食供養我，我自然會教你證悟秘訣。」

老禪師求道心切，果然用上等美食天天供養青年法師，時日一久，青年法師因老禪僧要求開悟，老是說時日無多，不能再等下去了。青年法師又想跟他一番惡作劇，便一直說：「好，你跟我來。」

青年法師帶著老禪僧走進一間空屋，來到一個角落，吩咐老禪僧蹲下，用楊柳枝擊其頭頂說道：

「這是須陀洹果！」

由於老禪師專心一意，誠懇受教。果然證悟初果了。

青年法師再說：「你雖得初果，卻有七生七死，起來吧，到那邊角落去。」

老禪僧果然又走到另一角落蹲下，青年法師再打他的頭頂說道：「這是斯陀含果，此果尚有往來生死，不到究竟，站起來。再去那邊角落！」

老禪僧只好又到另一角落蹲下，青年法師再打其頭頂說道：「這是阿羅漢果！生死已了。好啦！」

老禪僧此時已證得阿羅漢果，歡喜無量，向青年法師頂禮，更安排許多美食供養青年法師。

青年法師慚愧地說道：「我跟你開玩笑的，你別再認真了。」

老禪僧此時更加誠切地說道：「我真的已經證得阿羅漢果了，不是開玩笑的。」

這是老少兩代的雙向交流，起初似假非真，但彼此不排斥機緣，終於雙方都得到利益，老禪師因此開悟，而青年僧也自知慚愧，轉而精進了。

還有仙崖禪師的作法也值得老阿公、老阿媽教化孫子輩的參考，如今家庭與學校早已拋棄打罵教法，這種不同角度的思考也能拉近老幼兩代的鴻溝，應該不言可喻。

在仙崖禪師住的禪院裡，有一位年輕學僧經常利用晚上時間，偷偷爬過院牆到外面去遊樂。一天，仙崖禪師夜裡巡察，突然發現牆角有一張高腳的櫈子，始知有人溜到外面去，他不驚動別人，就順手把櫈子移開，自己站在櫈子的地方，等候學僧回來。

夜深的時候，遊罷回來的年輕學僧，不知櫈子已經移走，一跨腳就踩在仙崖禪師的頭頂上，隨即跳下地來，才看清是禪師，慌得不知如何是好。

但聽仙崖禪師毫不介意地安慰他說：「夜深露重，小心身體可別著涼，快回去多穿件衣服。」

全寺大眾竟然誰也不知這件事，而仙崖禪師從來也沒有提起，從那以後，全寺一百多位年輕學僧，反而不再有人出去夜遊了。

老阿公、老阿媽都會疼孫心切，難免愛之深、責之切，或在恨鐵不成鋼的心情下破口大罵，甚至忍不住體罰，但也何妨施以感化，用柔性替代僵硬的教法？學學仙崖禪師的作法，更容易收效！

33．無形遺產重　有形遺產輕

「鳥之將死，其鳴也哀！人之將死，其言也善」是耳熟能詳的古訓。在親朋好友之間，因為生活上有利害相關和各種考量，許多情況都不敢實話實說，免得引起困擾，一旦要終止生命，才敢坦誠吐露，這是人之常情，不足為奇。若是自己的父母年老臨終，有一番遺言不但超越利害且是真愛的流露；說真的，銀髮族與其留給兒女豐厚的物質遺產，不如遺留自己畢生的生活智慧，因為前者有被耗盡的可能，只能讓後代歡樂於一時，而後者屬於精神糧食，若能讓兒孫領悟，則一輩子受用不盡，且能世代傳承，才更有價值，更值得肯定。

報載一位六十多歲的尿毒病人，臨終前說出了自己的懺悔。

他年輕時有五個兄弟姊妹，家境非常富有。父親臨終時，大家開始爭奪財產，因為他是父親最喜愛的兒子，終於爭到一份最有利的財產，不料，這反而引起兄弟姊妹和其他親友對他不滿，從此大家跟他斷絕來往了。

他拿這份財產去做事業，誰知屢做屢敗，後來錢也虧空了，太太活活氣死，從此便孤零零活到現在。只聽他流著淚水說：「當初若非爭奪那些遺產，現在也不會這樣孤苦零丁，連一個親人也沒來照顧，這是因果報應啊！現在我要走了，非常懺悔自己的過錯，也勸告世人以我為鏡。」

還有一則真人真事，出自「慈濟」雜誌，內容如下：

有一天，某間醫院外科主任，很感慨地說了一件親見現象，令人非常嘆息。一位七十多歲的老人病危時，醫護人員忙著為他急救。突然，有兩位年輕人匆匆跑來，不問病人的情況如何，只是猛搖著病人的肩膀問道：

「爸！你到底還有多少錢放在別人家？還有多少錢沒拿回來？誰還借了錢？」

醫生忙著急救，而他的孩子卻在旁邊不斷打岔，外科主任把他孩子的手撥開，說道：「拜託你不要再搖了！再搖，病人就斷氣了。」

結果，病人在他兒子一陣亂搖之後，真的斷氣了，他們也沒問出錢的下落。

俗話說：「不善教子女，即成傷人之虎。」這意謂銀髮族一輩子的生活智慧對兒女的重要性遠超過尋常的有形財產，諄諄教誨他們以後做人最重要，而那才是更有意義的無形財富。記憶裡，我們劉姓親族在家鄉祖傳都從事「冥紙製造業」，從砍嫩竹開始，經過剖析，石灰醃水，巨石輾轉，變成紙漿到冥紙完成，整套系列都從當年大陸來台祖宗傳遞下來。我讀中學那年，有一位長輩經營最成功，到他七十歲退休時，就有幾千萬元儲存；依當時的標準說，他算是相當的巨富了。他有兩個兒子都讀新竹高商，不愁畢業找不到事做；依常情來說，他的家境既富有，兒子又會讀書，真是有福氣的人。更難得的是，那年家鄉一所小學想建一座大禮堂，一則提供學生舉行典禮的用處，二則方便鄉民舉辦各種活動；無奈，學校所募集的款項很少，距離建禮堂的目標尚遠，於是，家長會派人求助那位宗親長輩，果然蒙他慷慨捐出大筆數目，他幾乎傾囊而出了，有人問他何不留些給兒子？他微笑說道：

「我連小學都沒讀完，就能賺到大筆財富，他們（指兩個兒子）讀到那麼高，以後機會多得是，只要肯認真做事，一定賺得比我多，如果不認真，留給他也會被花光……。」

親族們聽了無不讚嘆他的話有道理，且敢說敢做。可見他遺留給兩個兒子的智慧是：「認真」做事，而不是多少儲蓄，果然他的兩個兒子後來都在銀行上班，也是鄉間有名的紳士，熱心公益，頗有乃父之風。

高雄縣有一位張姓老太太，年輕時挑豬糞、種青菜，也種甘蔗和西瓜，省吃儉用，後來土地漲價，她就捐贈給鄉公所建造福利中心，別人笑她太傻，何不留給自己兒女呢？她說：「留給子孫最值錢的學問，那才是無盡的財富，能使更多人得到利益，才是留給子孫的好榜樣。」

這句話即是非常珍貴的生存智慧，也是龐大的無形財富和精神糧食，不但給兒女做榜樣，也給更多人留下風範了。

六祖慧能剛從五祖手中得到衣缽，表示他是五祖的繼承人，之後驚慌逃走，後面有幾百人追趕他，企圖奪到衣缽，反而沒有人想要真正的財富——明心見性的本源，真是本末顛倒，讓人扼腕極了。所以，六祖圓寂前夕就不再看重那個有形的衣缽了，請讀六祖的遺訓說：

「我自從在大梵寺說法，一直到今天所說的為止，記錄流通，可稱為『法寶壇經』。你們守護這部經，轉相傳授，以度一切眾生；若能遵依此經而說，就叫做『頓門正法』。我現在只給你們傳授說法，不再傳遞祖師衣缽。因為你們的信根都已經純熟了，決定不再有疑，足以勝任弘法的大業，就根據達摩祖師傳授偈所示的大意，衣缽不該再傳付了。」

倘若慧能大師再傳遞衣缽，難免又起宗門相爭的悲劇，反而有失佛法的真正旨趣，權衡輕重，還是無形的傳承重於有形的象徵物。

且說一個小沙彌跟從某位禪師在深山修行，一天，他問禪師：「師父，怎樣才能使我的心地光明、智慧開啟？」

禪師只告訴他說：「點亮你的心燈——你心中的燭光。」

但是，小沙彌仍感迷惑，不知該怎麼做才好？

之後，禪師往生了，小沙彌年齡漸漸增長，也到別處興建一所道場，但他每做一件功德，就在大殿裡增加一盞燈，後來，大殿的油燈不斷增加，大家稱為「萬燈寺」。

當他七十歲要往生時，睜眼環視一遍滿室燈火，仍感迷惑地自言自語：「師父開示我要點亮心燈，而今點亮了滿室燈火，怎麼我的心燈還沒亮呢？」

在他將嚥下最後一口氣時，睜眼看看所有燈光，才微笑對徒弟說：「弟子啊！只要你們每個人力行佛道，再去弘揚，把佛法的光明遍照每個角落，使黑暗世界變成光明，才是真正點亮了自己的心燈。」

這位禪師的遺言對他的徒弟來說，無異一筆最豐厚的精神遺產，也是人類最偉大的智慧，可以世代傳承，遠比留下幾座寺廟還要值得，還要真實。奉勸銀髮族也能留給兒女寶貴的生活智慧，更甚於龐大的有形財富。

34・嘮叨後遺症 可用沈默訣

我住在一棟退休公寓有一百多戶銀髮族，有夫婦也有單身，其中兩對夫婦表現很奇怪，也很罕見。一對是香港的余老先生夫婦，分別花兩份房錢租了兩戶寓所，彼此完全分居，且隔了一段距離，平時既不來往，見面亦不交談，當然也各自烹調和飲食，偶爾兒女們來訪，也先看老爸再去看老媽，或先訪老媽之後才去探老爸，造成頗多不便，單從經濟上計算，付兩份房租實在可惜……當然有果必有因，他們之所以造成一對冤家，據余老先生吐露：「年輕時太太忙著照顧四個兒女，非常週到，跟他（她）們說這說那，而今兒女長大在外面，沒有人跟她喋喋不休，反而向我嘮叨，簡直煩死了，所以，我寧願多花錢，各人住各人的……。」我們聽了扼腕又捧腹。同情他們憂樂與共一輩子，到老反而落此結局，真是情何以堪？

另一對是高雄的黃姓銀髮族，雖然夫妻同居在一棟屋簷下，但夫妻平時甚少交談，且各人買各人的菜、各人煮各人喜歡的食物，當然吃飯也不同時同桌了，老先生吃完飯一放下筷子，不是往外蹓達，就是到鄰居那兒串門子，直到吃飯時間才回去，自理飲食。聽說他（她）們已經分床多年，他太太是個鄉下人，不識字亦不懂國語，待在家裡電視也看不懂，兒女們不常來訪，老太太過得很孤獨，不時坐在大門前看天上白雲和眼前花草……我們好生奇怪，這對銀髮族怎麼搞的？沒有分居也等於分居，也似陌生人相見一般。打聽的結果，始知黃老太太很愛向先生囉嗦，一下埋怨他這樣，一下又嘀咕那樣，整天說個不停，好像話多得說不完，其實內容都是老生常談反覆強調，一遍又一遍，害得黃老先生快要發瘋了，勸她罵她都沒用，乾脆耳不聽為淨，一吃過飯就逃之夭夭，免得又成「不幸聽眾」，據說他們的兒孫不常來也是這個原因。黃老先生經常向鄰居和朋友嘆說：「我這輩子被她那張嘴巴折磨夠了……。」言下不勝忿怒，但又很無奈……。

由此看來，有些銀髮族即使沒有半途分離，那怕年輕時代互為情侶，在漫長的養兒育女過程中，雙方性格都會改變，調適方式亦要彈性，如果我行我素不為對方著想，結果也未必能為相互扶持的老伴，從紅顏很難愛到白髮，反而飽嚐「怨憎會苦」，不見不吵，一見就吵，或同床異夢、貌合神離，實在是婚姻的悲劇。連兒女們也幫不上忙哩。俗話說「解鈴還需繫鈴人」，只要當事人領悟因緣果報，照樣可以化解危機，那就是愛嘮叨或嘀咕者明白「沈默」的妙用，縱使不完全實踐。至少落實幾分也有意想不到的好處，把另一半的心抓回來，重溫當年「兩人行」的愉快歲月，況且年邁的病痛特別多，尤其需要對方照顧，而這份體貼不是兒女們能夠取代的。所以，這種不合與不幸的惡果顯然由某方的惡因所致使，幸好佛教講因果和緣份不是僵硬的，不是死板的，而是可以改變的，分秒之內都能改變，且全權掌握在當事人手上，只看她（他）願不願意，想不想要，而絕對不是能不能夠，或做得到做不到，倘若答案要否定，那註定結果會惡化下去，直到不堪設想的悲劇。果真這樣，不是太愚昧，太固執了嗎？

對治嘮叨或多話，全靠「沈默」的秘訣，縱使不是天天或一直沈默，但偶爾沈默是有必要的，適度閉嘴遠比喋喋不休會更讓人歡喜接受和樂意聽聞，這是心理學家的忠告。而今請讀幾位禪師在「默」字的修持工夫，之後要學習採用，那會使上述類型的銀髮族夫婦破鏡重圓，成為相親相愛的老伴。

且說黃龍禪師住在淨戒寺的時候，一天，在那裡與洞山圓禪師相見，只見黃龍默默無語，兩人只是焚香對坐而已。從下午一直坐到深夜，洞山圓禪師才起身說道：

「夜深了，妨礙你的休息。」

說完，就走了出去。

第二天各人回去，黃龍一回到自住的禪院時，首先迫不及待向首座問道：

「你當初住在廬山的時候，認識洞山圓長老嗎？」

「不認識，只聽過他的名字。」

停了一會，首座問道：

「老師這次見到他，看他是什麼樣的人？」

黃龍答道：

「奇人！」

首座退下以後，詢問侍者：

「你跟老師見到洞山的時候，他們夜間談話，談些什麼？」

侍者把實際情形，如兩人對坐，默然無語的話告訴首座，首座深深呼吸後，喟然大叫一聲：

「疑殺天下人！」

乍讀下，也許有人懷疑一對老夫妻這樣生活豈不枯燥、無聊或發瘋？其實適度和偶爾如此並不嚴重，所謂無聲勝有聲、心心相印，一切妙在不言中有何不可？像上述例子只要愛嘮叨那一方肯在這方面修持，相信她的另一半不知有多歡喜、多需要，相愛都來不及，怎麼會棄她於不顧，寧願過獨自的生活呢？無疑用「沈默」才真正對症下藥且保證藥到病除，愈老愈相愛，直到走完全部人生為止。

還有雲門禪師的例子，也能讓在含貽弄孫，享受兒孫環境的銀髮族參考，偶爾倣效亦無不可，且有諸多受用。

靈樹院有一年夏安居的時候，五代時的後漢劉王堅持禮請雲門禪師，及其寺內大眾全體到王宮內過夏。諸位法師在宮內接受宮女們禮敬問法，鶯鶯燕燕，熱鬧非凡。尤其，劉王虔誠重法，故每天都有禪修講座。寺中耆宿也都樂於向宮女和太監們說法。惟有雲門禪師一人都在一旁默坐，致使宮女們都不敢親近請示。

有一位值殿的官員，經常看到這種情形，就向雲門禪師請示法要，雲門禪師總是一默，值殿官員不但不生氣，反而更加尊敬，就在碧玉殿前貼一首詩道：

「大智修行始是禪，禪門宜默不宜喧，萬般巧說爭如實，輸卻禪門總不言。」

在合家團聚中，現代人開口閉口有「代溝」，親子間尚且這樣，遑論祖孫？如遇爺爺奶奶對兒孫教訓不休，不僅毫無功教，反彈會更甚。與其如此，不如倣效無門禪師吧！

35．打點身後事　重視接班人

禪話一：靈樹如敏禪師的靈樹院，二十年來都沒有人負責「首座」之職，每當人家問起，禪師就回答：「我的首座剛剛出生啊！」又有人問，即答：「我的首座正在牧牛啊！」再有人問，即答：「我的首座正在行腳中哩！」等語回答，使問的人都不知其故。

有一天禪師忽然命令大眾撞鐘擊鼓，並吩咐到山門附近接首座。寺中徒眾正在訝異時，雲門禪師飄然而至，如敏禪師便請他擔任首座之職。

禪話二：百丈禪師會下有一位司馬頭陀，他懂天文、地理、算命、陰陽。有一天，頭陀從外面回來，告訴百丈禪師說：

「溈山那個地方，是一個一千五百人修行的好道場。」

百丈說：「我可以去嗎？」

頭陀回答：「溈山是肉山，和尚是骨人，若果由你去，恐怕門徒不會超過一千人。」

百丈乃指眾中的首座華林禪師，問：「他可以去嗎？」

頭陀：「他去亦不相宜。」

百丈又指典座（煮飯的）靈祐問：「他可以去嗎？」

頭陀說：「他可以去。」

華林問百丈說：「我身為第一堂，尚不能去住，靈祐為什麼能去呢？」

百丈回答：「若能於眾中下一轉語出奇制勝，當去住持。」就指座前的淨瓶說：「不得叫淨瓶，你們喚作什麼？」

華林說：「不可叫做木楔（門閂）。」

百丈不以為然，乃轉問靈祐，誰知他什麼也不說，匆匆上前一腳踢倒淨瓶。

百丈笑著說：「華林首座輸給煮飯的人啦！」遂派靈祐到溈山當住持。後來，靈祐禪師在溈山大闡宗風，成為禪門溈仰宗一派。

兩則禪師都點出繼承人問題。在權威的團體或家庭，領袖與家長的權力非比尋常，尤其，第一代創業者都有卓越的能耐，辛苦一輩子打下一片江山，第二代以後未必有此本事，別說守成不足，也談不上擴展，反而爭著享受餘蔭，想要不勞而獲或能縮短自己的辛苦歷程，企圖站在已有的基礎上舒服或享樂一輩子，一有這個念頭，鬩牆之爭免不了。

中國歷史上有太多例證了。現代家族企業和富裕家庭也不例外。倘若家長死前不交待清楚或有明文規定，保證父母一死，就會手足相告，殘忍無情。例如，幾年前，台灣有一位陳姓的傳奇性企業家，生前集青果大王、航業鉅子、建築龍頭等多項榮銜於一身，死後三年多的遺體仍未能入土安葬，遺產被盜領，下落不明，後代為這件訴訟官司多年懸而未決，豪門恩怨令人們唏噓。還有現在赫赫有名的某大企業集團，也因子女對董事長權責提出質詢，而差一點兒引發手足爭吵。

這幾天，香港一位鄧姓伶王一斷氣，立刻傳出親人內爭財產的消息，反正所有原因都出在財產與繼承人身上。倘若數目不多或根本沒有，即使爭吵細節，只要大家各退一步，由同族長輩或父母生前好友出面裁判，家醜不可外揚，大家可以馬虎不計較；反之，如果遺產數量龐大或繼承人有多種好處，那就不是能由誰的三言兩語可以化解或沖淡得了，結果非到法庭見面不可，最後即使能依法裁決，手足之情也非泡湯不可，甚至成了仇人，見面也要吵架，可見繼承問題非同小可。

有些有權勢的銀髮族若能領悟無常人生，那麼，除了早日建立健全的人事制度或明定接班人以外，不妨趁風燭之年，一口氣尚在，不避諱地早點安排後事。換句話說，應該認真面對生死大事，縱使不請律師公證，也該用書面錄音來預立遺囑。

在日本，據說傳統上都由長子繼承家產或家業，即使父親生前沒有明確交待，一旦意外死去，除了那個名叫「大郎」的長子能明正言順做接班人，以下的二郎、三郎……都不敢妄想，至於女兒更是局外人，約定俗成的社會或許可以這樣平安接替，而今男女平權，繼承觀念不一樣，日本人的繼承也恐怕沒那麼單純了吧!?

有道是「知子莫若父」、「知徒莫若師」，膝下子女各有特長，個性不同，稟賦也有差異，才能和經驗也是，如果家業龐大，遺產很多時，誰該繼承那一種，或誰要負責那一類，父母應該心知肚明早作打算，讓他（她）們快些各就各位，免得無常一來，措手不及。

說真的，接棒問題不能等閒，有時父母尚在也不容易擺平，中國禪門大德——六祖慧能，剛從五祖弘忍大師手上接到衣缽，趁著半夜趕快逃命，就怕其師兄弟知道後性命不保，可見修禪學佛的功力未深，貪瞋痴尚未斷盡，一碰到利害關頭，照樣想爭那個代表權威和聲望的象徵物，而不顧自己何德何能，有多少真本事？大凡世間事，若因口角糾紛或身體衝突，以至打他一拳、踢他一腳，都還容易談和與妥協，一旦涉及金錢、權勢或聲望等實質利害，那就非爭個你死我活不可了，環視周遭，這種例證天天都有，時時發生，實在說不完也數不盡。

我家鄉有一位同宗的企業家，先在本地製作水果罐頭外銷，事業不斷發展，到他七十歲那年就擁有三個工廠，他生有兩男兩女，為了想早些退休來安享餘閒，就開始跟兒女商量接班問題，依照傳統鄉下人的觀念，嫁出去的女兒，等於潑出去的水，休想分得多少家產，除非父母特別袒護或格外施恩，剛巧那位企業家的兩個兒子早年不太讀書，但幫忙父母創業的功勞苦勞都有份，反而讓姊妹讀完大學，又去外國留學，學問見識當然比兄弟高明，且都有自己不錯的職業，誰知她們乍聞父親要分財產，都手持一本『六法全書』回來爭論。這一來，不但傷了同胞感情，也讓父母不好受，非得讓她們獲有實質益處，她們就不會善罷甘休。

總之，接班、繼承、交棒……即使名稱有別，然而意思卻一樣，那是件棘手的大事，有時靠禪門智慧來潤滑與思考，也許有意外的圓滿或順暢，敬盼富有的銀髮族三思，再三思！

36·喪子之痛　不幸之最

這裡有則短訊，讓我非常嘆息：

新竹縣稅捐處一名司機，深夜騎機車回家途中被一輛卡車撞死，害他中風多年的老母親傷心獨子死了，一時看不開也自盡而去。

說真的，面對自己死與親人之死，心情會不一樣。依照常情推測，自己死要面對「恐懼」，因為身歷其境，前程茫茫，逃也逃不掉，當然會惶恐；若面對親人離去，從此陰陽兩界再也見不到，面對的是「難捨」。換句話說，前者是自身對生命執著，後者是對情感執著，本質雖然不同，但也都是人生的殘酷事實與沈重打擊。

可憐銀髮族遇到這些不幸的機會特別多，例如，頭條短訊是白髮人送黑髮人，偶爾讀到這些報載的確讓人鼻酸。更可悲的是，有些白髮人傷心過度而後跟著走，其實，這是非常不理性和不明智，因為白髮人還能對已死的黑髮人完成他（她）未完成的事。他（她）若地下有知，肯定不樂見白髮人這樣愚昧和糊塗，反而希望他（她）們活得更有樂趣，更有意義，全心投入餘生應做的事業。

曾幾何時，在台灣貴為第一家庭，高不可攀的蔣氏家族，自從兩位蔣總統去世之後，三位子嗣紛紛凋零，難為兩位老夫人白髮人送黑髮人，傷心淚盡之際，又要面對門前冷落車馬稀，真是情何以堪，若非她們擁有禪道的智慧，領悟生死無常的因緣道理，也恐怕很難節哀順便，活出餘生的樂趣與意義來!?

我祖母八十三歲往生，依當時的標準來說，她算蠻有福報，屬於相當高壽，但她的兩個兒女，即是我的大伯父和大姑媽卻都在六十出頭，就先棄祖母而去。猶記得祖母在大伯父出殯那天，放聲大哭，傷心喊道：「你還沒有報答我的恩情，怎麼忍心丟下我啊！」只見親友們紛紛含淚勸她，說道：「你自己也年紀一大把啦！應該多保重自己……。」祖母也好長一段日子，才勉強節哀止痛，慢慢平靜下來，那次深刻與哀傷的記憶，讓我一輩子忘不了。

佛陀晚年，也碰過幾次類似的打擊，最重大的是，在他六十歲那年，獨子羅睺羅去世；將近八十歲的時候，一向倚為左右手的舍利弗與目犍連相繼逝世，都使他感到落寂。舍利弗和佛陀年歲不差上下，也快要八十歲了。他生病時，毅然回到王舍城去療養。去世後，他的傳者叫做均頭，捧著舍利弗的遺物來找佛陀，當時，阿難出來接他，均頭捧上遺物，哭訴舍利弗逝世的經過。阿難聽了哭倒在地，之後去稟告佛陀。佛陀驟聞噩耗，當然也感悲愴，但他仍強忍哀慟，反而努力開示痛哭不已的阿難說：

「阿難呀！我不是平常就教導你們嗎？再心愛的人，總有別離的一天。世間沒有一事是永久不變的。一株大樹的一枝可能先行枯萎，和這道理是一樣的呀！你們要以自己為洲，依靠自己不可依靠他人！以法為洲，依靠法，不可以依靠其他。」

舍利弗逝世後不久，又傳來目犍連為教殉難的噩耗。原來，目犍連晚年在外傳道，經過伊私闍山區的時候，為裸形外道發現，自山上推下亂石，把目犍連活活砸死了。對年邁的佛陀，又是一件痛心的打擊。不久，在一次滿月之夜，舉行布薩儀式，佛陀在月光下環視周圍眾多比丘，卻不見舍利弗和目犍連的面孔，不禁落寂與感傷地說：

「比丘們呀！自從舍利弗與目犍連逝世後。這個集會對我實在空虛得很，不見他們的面孔，讓我好寂寞和傷愁。」

佛陀一生不知安慰過多少悲傷的人，尤其見識過無數死人的家庭，而今自己卻要面對這種悲慘的場面，但他不會沈緬於傷愁到痛不欲生，所以，才能說出以上的開示。

再說佛陀入涅槃，隨行弟子大多數傷感，只有少數證悟的弟子靜坐冥想，默念佛陀教法：

「成者必壞，盛者必衰，生者必死，合者必離。」

其實，只有確實悟解生死無常，有生必有死的真理，才是老人面對這種打擊的唯一秘訣。

人生的最大悲劇，莫過「幼年失恃、中年喪偶、老年喪子。」別說銀髮族喪子之痛非同小可，其實所有白髮人送黑髮人都是可悲的。

例如，台灣著名搞笑的演藝人白冰冰，經歷女兒被綁架撕票後，她的笑容從此難得一見，悲慟可想而知。

還有美國一位天才老爹，也是著名的黑人諧星——比爾·柯斯比，他的兒子在高速道路上換車胎時，被一個極端的白人種族主義者無端殺死。這一來，大家猜測那位搞笑的天才老爹恐怕難過得再也笑不出來了。誰知他表現出極為罕見的禪者風範，因為從他的言談中流露非常高貴的氣質和氣度，而這也是禪者多年修行才可能有。事實上，他從來沒有參禪打坐，只是落實禪的生活罷了。因為一位電視記者訪問他，殺他兒子的兇手已抓到，他會不會有想復仇之念？柯斯比答說，他寧願看將來。陷在仇恨的情緒只會交織在過去，走不出來。對方又問他，你是不是還要幹下去，不改變笑匠的角色呢？柯斯比反而問對方說：「據我所知你已幹了四十幾年，我也沒聽說你不幹了啊！」

乍聽下，柯斯比好像殘忍無情，老年喪子，仍然改變不了他要繼續當笑匠的角色。其實，他的偉大胸襟和睿智的生活態度就在這裡，他不僅能走出種族偏見的仇恨陰霾，也能持續自己的人生角色，而不會從此消失在自己的舞台上。

意思說，這位老人家今天燦爛的笑容，一則會更刺痛人心，二則會喚醒觀眾明白這位銀髮族如何忍受喪子之痛，也不放棄自己對社會應盡的責任，難道這不是標準的禪道工夫嗎？

大展出版社有限公司
品冠文化出版社

圖書目錄

地址：台北市北投區（石牌）致遠一路二段 12 巷 1 號
電話：(02) 28236031
28236033
28233123
郵撥：01669551＜大展＞
19346241＜品冠＞
傳真：(02) 28272069

・少年偵探・品冠編號 66

1.	怪盜二十面相	（精）	江戶川亂步著	特價 189 元
2.	少年偵探團	（精）	江戶川亂步著	特價 189 元
3.	妖怪博士	（精）	江戶川亂步著	特價 189 元
4.	大金塊	（精）	江戶川亂步著	特價 230 元
5.	青銅魔人	（精）	江戶川亂步著	特價 230 元
6.	地底魔術王	（精）	江戶川亂步著	特價 230 元
7.	透明怪人	（精）	江戶川亂步著	特價 230 元
8.	怪人四十面相	（精）	江戶川亂步著	特價 230 元
9.	宇宙怪人	（精）	江戶川亂步著	特價 230 元
10.	恐怖的鐵塔王國	（精）	江戶川亂步著	特價 230 元
11.	灰色巨人	（精）	江戶川亂步著	特價 230 元
12.	海底魔術師	（精）	江戶川亂步著	特價 230 元
13.	黃金豹	（精）	江戶川亂步著	特價 230 元
14.	魔法博士	（精）	江戶川亂步著	特價 230 元
15.	馬戲怪人	（精）	江戶川亂步著	特價 230 元
16.	魔人銅鑼	（精）	江戶川亂步著	特價 230 元
17.	魔法人偶	（精）	江戶川亂步著	特價 230 元
18.	奇面城的秘密	（精）	江戶川亂步著	特價 230 元
19.	夜光人	（精）	江戶川亂步著	特價 230 元
20.	塔上的魔術師	（精）	江戶川亂步著	特價 230 元
21.	鐵人Q	（精）	江戶川亂步著	特價 230 元
22.	假面恐怖王	（精）	江戶川亂步著	特價 230 元
23.	電人M	（精）	江戶川亂步著	特價 230 元
24.	二十面相的詛咒	（精）	江戶川亂步著	特價 230 元
25.	飛天二十面相	（精）	江戶川亂步著	特價 230 元
26.	黃金怪獸	（精）	江戶川亂步著	特價 230 元

・生活廣場・品冠編號 61

1.	366 天誕生星	李芳黛譯	280 元
2.	366 天誕生花與誕生石	李芳黛譯	280 元
3.	科學命相	淺野八郎著	220 元

4. 已知的他界科學　陳蒼杰譯　220元
5. 開拓未來的他界科學　陳蒼杰譯　220元
6. 世紀末變態心理犯罪檔案　沈永嘉譯　240元
7. 366天開運年鑑　林廷宇編著　230元
8. 色彩學與你　野村順一著　230元
9. 科學手相　淺野八郎著　230元
10. 你也能成為戀愛高手　柯富陽編著　220元
11. 血型與十二星座　許淑瑛編著　230元
12. 動物測驗—人性現形　淺野八郎著　200元
13. 愛情、幸福完全自測　淺野八郎著　200元
14. 輕鬆攻佔女性　趙奕世編著　230元
15. 解讀命運密碼　郭宗德著　200元
16. 由客家了解亞洲　高木桂藏著　220元

・女醫師系列・品冠編號 62

1. 子宮內膜症　國府田清子著　200元
2. 子宮肌瘤　黑島淳子著　200元
3. 上班女性的壓力症候群　池下育子著　200元
4. 漏尿、尿失禁　中田真木著　200元
5. 高齡生產　大鷹美子著　200元
6. 子宮癌　上坊敏子著　200元
7. 避孕　早乙女智子著　200元
8. 不孕症　中村春根著　200元
9. 生理痛與生理不順　堀口雅子著　200元
10. 更年期　野末悅子著　200元

・傳統民俗療法・品冠編號 63

1. 神奇刀療法　潘文雄著　200元
2. 神奇拍打療法　安在峰著　200元
3. 神奇拔罐療法　安在峰著　200元
4. 神奇艾灸療法　安在峰著　200元
5. 神奇貼敷療法　安在峰著　200元
6. 神奇薰洗療法　安在峰著　200元
7. 神奇耳穴療法　安在峰著　200元
8. 神奇指針療法　安在峰著　200元
9. 神奇藥酒療法　安在峰著　200元
10. 神奇藥茶療法　安在峰著　200元
11. 神奇推拿療法　張貴荷著　200元
12. 神奇止痛療法　漆 浩 著　200元

・常見病藥膳調養叢書・品冠編號 631

1. 脂肪肝四季飲食　蕭守貴著　200元
2. 高血壓四季飲食　秦玖剛著　200元
3. 慢性腎炎四季飲食　魏從強著　200元
4. 高脂血症四季飲食　薛輝著　200元
5. 慢性胃炎四季飲食　馬秉祥著　200元
6. 糖尿病四季飲食　王耀獻著　200元
7. 癌症四季飲食　李忠著　200元

・彩色圖解保健・品冠編號 64

1. 瘦身　主婦之友社　300元
2. 腰痛　主婦之友社　300元
3. 肩膀痠痛　主婦之友社　300元
4. 腰、膝、腳的疼痛　主婦之友社　300元
5. 壓力、精神疲勞　主婦之友社　300元
6. 眼睛疲勞、視力減退　主婦之友社　300元

・心 想 事 成・品冠編號 65

1. 魔法愛情點心　結城莫拉著　120元
2. 可愛手工飾品　結城莫拉著　120元
3. 可愛打扮 & 髮型　結城莫拉著　120元
4. 撲克牌算命　結城莫拉著　120元

・熱 門 新 知・品冠編號 67

1. 圖解基因與 DNA　（精）　中原英臣 主編　230元
2. 圖解人體的神奇　（精）　米山公啟 主編　230元
3. 圖解腦與心的構造　（精）　永田和哉 主編　230元
4. 圖解科學的神奇　（精）　鳥海光弘 主編　230元
5. 圖解數學的神奇　（精）　柳 谷 晃 著　250元
6. 圖解基因操作　（精）　海老原充 主編　230元
7. 圖解後基因組　（精）　才園哲人 著　230元

・法律專欄連載・大展編號 58

台大法學院　法律學系／策劃
法律服務社／編著

1. 別讓您的權利睡著了(1)　200元
2. 別讓您的權利睡著了(2)　200元

・武　術　特　輯・大展編號 10

1. 陳式太極拳入門　馮志強編著　180元

2. 武式太極拳	郝少如編著	200 元
3. 練功十八法入門	蕭京凌編著	120 元
4. 教門長拳	蕭京凌編著	150 元
5. 跆拳道	蕭京凌編譯	180 元
6. 正傳合氣道	程曉鈴譯	200 元
~~7. 圖解雙節棍~~	~~陳銘遠著~~	~~150 元~~
8. 格鬥空手道	鄭旭旭編著	200 元
9. 實用跆拳道	陳國榮編著	200 元
10. 武術初學指南	李文英、解守德編著	250 元
11. 泰國拳	陳國榮著	180 元
12. 中國式摔跤	黃　斌編著	180 元
13. 太極劍入門	李德印編著	180 元
14. 太極拳運動	運動司編	250 元
15. 太極拳譜	清・王宗岳等著	280 元
16. 散手初學	冷　峰編著	200 元
17. 南拳	朱瑞琪編著	180 元
18. 吳式太極劍	王培生著	200 元
19. 太極拳健身與技擊	王培生著	250 元
20. 秘傳武當八卦掌	狄兆龍著	250 元
21. 太極拳論譚	沈　壽著	250 元
22. 陳式太極拳技擊法	馬　虹著	250 元
23. 二十四式/三十二式太極拳/劍	闞桂香著	180 元
24. 楊式秘傳 129 式太極長拳	張楚全著	280 元
25. 楊式太極拳架詳解	林炳堯著	280 元
26. 華佗五禽劍	劉時榮著	180 元
27. 太極拳基礎講座：基本功與簡化 24 式	李德印著	250 元
28. 武式太極拳精華	薛乃印著	200 元
29. 陳式太極拳拳理闡微	馬　虹著	350 元
30. 陳式太極拳體用全書	馬　虹著	400 元
31. 張三豐太極拳	陳占奎著	200 元
32. 中國太極推手	張　山主編	300 元
33. 40 式太極拳入門	門惠豐編著	220 元
34. 太極拳奇人奇功	嚴翰秀編著	250 元
35. 心意門秘籍	李新民編著	220 元
36. 三才門乾坤戊己功	王培生編著	220 元
37. 武式太極劍精華 +VCD	薛乃印編著	350 元
38. 楊式太極拳	傅鐘文演述	200 元
39. 陳式太極拳、劍 36 式	闞桂香編著	250 元
40. 正宗武式太極拳	薛乃印著	220 元
41. 杜元化＜太極拳正宗＞考析	王海洲等著	300 元
42. ＜珍貴版＞陳式太極拳	沈家楨著	280 元
43. 24 式太極拳＋VCD	中國國家體育總局著	350 元
44. 太極推手絕技	安在峰編著	250 元
45. 孫祿堂武學錄	孫祿堂著	300 元

46.	<珍貴本>陳式太極拳精選	馮志強著	280 元
47.	武當趙保太極拳小架	鄭悟清傳授	250 元
48.	太極拳習練知識問答	邱丕相主編	220 元
49.	八法拳 八法槍	武世俊著	220 元
50.	地趟拳＋VCD	張憲政著	350 元
51.	四十八式太極拳＋VCD	楊 靜演示	400 元
52.	三十二式太極劍＋VCD	楊 靜演示	350 元
53.	隨曲就伸 中國太極拳名家對話錄	余功保著	300 元
54.	陳式太極拳五動八法十三勢	闞桂香著	200 元

・彩色圖解太極武術・大展編號 102

1.	太極功夫扇	李德印編著	220 元
2.	武當太極劍	李德印編著	220 元
3.	楊式太極劍	李德印編著	220 元
4.	楊式太極刀	王志遠著	220 元
5.	二十四式太極拳（楊式）＋VCD	李德印編著	350 元
6.	三十二式太極劍（楊式）＋VCD	李德印編著	350 元
7.	四十二式太極劍＋VCD	李德印編著	
8.	四十二式太極拳＋VCD	李德印編著	

・國際武術競賽套路・大展編號 103

1.	長拳	李巧玲執筆	220 元
2.	劍術	程慧琨執筆	220 元
3.	刀術	劉同為執筆	220 元
4.	槍術	張躍寧執筆	220 元
5.	棍術	殷玉柱執筆	220 元

・簡化太極拳・大展編號 104

1.	陳式太極拳十三式	陳正雷編著	200 元
2.	楊式太極拳十三式	楊振鐸編著	200 元
3.	吳式太極拳十三式	李秉慈編著	200 元
4.	武式太極拳十三式	喬松茂編著	200 元
5.	孫式太極拳十三式	孫劍雲編著	200 元
6.	趙堡式太極拳十三式	王海洲編著	200 元

・中國當代太極拳名家名著・大展編號 106

1.	太極拳規範教程	李德印著	550 元
2.	吳式太極拳詮真	王培生著	500 元
3.	武式太極拳詮真	喬松茂著	

・名師出高徒・大展編號 111

1.	武術基本功與基本動作	劉玉萍編著	200 元
2.	長拳入門與精進	吳彬等著	220 元
3.	劍術刀術入門與精進	楊柏龍等著	220 元
4.	棍術、槍術入門與精進	邱丕相編著	220 元
5.	南拳入門與精進	朱瑞琪編著	220 元
6.	散手入門與精進	張山等著	220 元
7.	太極拳入門與精進	李德印編著	280 元
8.	太極推手入門與精進	田金龍編著	220 元

・實用武術技擊・大展編號 112

1.	實用自衛拳法	溫佐惠著	250 元
2.	搏擊術精選	陳清山等著	220 元
3.	秘傳防身絕技	程崑彬著	230 元
4.	振藩截拳道入門	陳琦平著	220 元
5.	實用擒拿法	韓建中著	220 元
6.	擒拿反擒拿 88 法	韓建中著	250 元
7.	武當秘門技擊術入門篇	高翔著	250 元
8.	武當秘門技擊術絕技篇	高翔著	250 元

・中國武術規定套路・大展編號 113

1.	螳螂拳	中國武術系列	300 元
2.	劈掛拳	規定套路編寫組	300 元
3.	八極拳	國家體育總局	250 元

・中華傳統武術・大展編號 114

1.	中華古今兵械圖考	裴錫榮主編	280 元
2.	武當劍	陳湘陵編著	200 元
3.	梁派八卦掌（老八掌）	李子鳴遺著	220 元
4.	少林 72 藝與武當 36 功	裴錫榮主編	230 元
5.	三十六把擒拿	佐藤金兵衛主編	200 元
6.	武當太極拳與盤手 20 法	裴錫榮主編	220 元

・少 林 功 夫・大展編號 115

1.	少林打擂秘訣	德虔、素法編著	300 元
2.	少林三大名拳 炮拳、大洪拳、六合拳	門惠豐等著	200 元
3.	少林三絕 氣功、點穴、擒拿	德虔編著	300 元
4.	少林怪兵器秘傳	素法等著	250 元
5.	少林護身暗器秘傳	素法等著	220 元

6.	少林金剛硬氣功	楊維編著	250 元
7.	少林棍法大全	德虔、素法編著	250 元
8.	少林看家拳	德虔、素法編著	250 元
9.	少林正宗七十二藝	德虔、素法編著	280 元
10.	少林瘋魔棍闡宗	馬德著	250 元

・原地太極拳系列・大展編號 11

1.	原地綜合太極拳 24 式	胡啟賢創編	220 元
2.	原地活步太極拳 42 式	胡啟賢創編	200 元
3.	原地簡化太極拳 24 式	胡啟賢創編	200 元
4.	原地太極拳 12 式	胡啟賢創編	200 元
5.	原地青少年太極拳 22 式	胡啟賢創編	220 元

・道學文化・大展編號 12

1.	道在養生：道教長壽術	郝勤等著	250 元
2.	龍虎丹道：道教內丹術	郝勤著	300 元
3.	天上人間：道教神仙譜系	黃德海著	250 元
4.	步罡踏斗：道教祭禮儀典	張澤洪著	250 元
5.	道醫窺秘：道教醫學康復術	王慶餘等著	250 元
6.	勸善成仙：道教生命倫理	李剛著	250 元
7.	洞天福地：道教宮觀勝境	沙銘壽著	250 元
8.	青詞碧簫：道教文學藝術	楊光文等著	250 元
9.	沈博絕麗：道教格言精粹	朱耕發等著	250 元

・易學智慧・大展編號 122

1.	易學與管理	余敦康主編	250 元
2.	易學與養生	劉長林等著	300 元
3.	易學與美學	劉綱紀等著	300 元
4.	易學與科技	董光壁著	280 元
5.	易學與建築	韓增祿著	280 元
6.	易學源流	鄭萬耕著	280 元
7.	易學的思維	傅雲龍等著	250 元
8.	周易與易圖	李申著	250 元
9.	中國佛教與周易	王仲堯著	350 元
10.	易學與儒學	任俊華著	350 元
11.	易學與道教符號揭秘	詹石窗著	350 元

・神算大師・大展編號 123

1.	劉伯溫神算兵法	應涵編著	280 元
2.	姜太公神算兵法	應涵編著	280 元

3. 鬼谷子神算兵法 應涵編著 280元
4. 諸葛亮神算兵法 應涵編著 280元

・秘傳占卜系列・大展編號 14

1. 手相術 淺野八郎著 180元
2. 人相術 淺野八郎著 180元
3. 西洋占星術 淺野八郎著 180元
4. 中國神奇占卜 淺野八郎著 150元
5. 夢判斷 淺野八郎著 150元
6. 前世、來世占卜 淺野八郎著 150元
7. 法國式血型學 淺野八郎著 150元
8. 靈感、符咒學 淺野八郎著 150元
9. 紙牌占卜術 淺野八郎著 150元
10. ESP 超能力占卜 淺野八郎著 150元
11. 猶太數的秘術 淺野八郎著 150元
12. 新心理測驗 淺野八郎著 160元
13. 塔羅牌預言秘法 淺野八郎著 200元

・趣味心理講座・大展編號 15

1. 性格測驗（1） 探索男與女 淺野八郎著 140元
2. 性格測驗（2） 透視人心奧秘 淺野八郎著 140元
3. 性格測驗（3） 發現陌生的自己 淺野八郎著 140元
4. 性格測驗（4） 發現你的真面目 淺野八郎著 140元
5. 性格測驗（5） 讓你們吃驚 淺野八郎著 140元
6. 性格測驗（6） 洞穿心理盲點 淺野八郎著 140元
7. 性格測驗（7） 探索對方心理 淺野八郎著 140元
8. 性格測驗（8） 由吃認識自己 淺野八郎著 160元
9. 性格測驗（9） 戀愛知多少 淺野八郎著 160元
10. 性格測驗（10）由裝扮瞭解人心 淺野八郎著 160元
11. 性格測驗（11）敲開內心玄機 淺野八郎著 140元
12. 性格測驗（12）透視你的未來 淺野八郎著 160元
13. 血型與你的一生 淺野八郎著 160元
14. 趣味推理遊戲 淺野八郎著 160元
15. 行為語言解析 淺野八郎著 160元

・婦 幼 天 地・大展編號 16

1. 八萬人減肥成果 黃靜香譯 180元
2. 三分鐘減肥體操 楊鴻儒譯 150元
3. 窈窕淑女美髮秘訣 柯素娥譯 130元
4. 使妳更迷人 成 玉譯 130元
5. 女性的更年期 官舒妍編譯 160元

6. 胎內育兒法	李玉瓊編譯	150 元
7. 早產兒袋鼠式護理	唐岱蘭譯	200 元
9. 初次育兒 12 個月	婦幼天地編譯組	180 元
10. 斷乳食與幼兒食	婦幼天地編譯組	180 元
11. 培養幼兒能力與性向	婦幼天地編譯組	180 元
12. 培養幼兒創造力的玩具與遊戲	婦幼天地編譯組	180 元
13. 幼兒的症狀與疾病	婦幼天地編譯組	180 元
14. 腿部苗條健美法	婦幼天地編譯組	180 元
15. 女性腰痛別忽視	婦幼天地編譯組	150 元
16. 舒展身心體操術	李玉瓊編譯	130 元
17. 三分鐘臉部體操	趙薇妮著	160 元
18. 生動的笑容表情術	趙薇妮著	160 元
19. 心曠神怡減肥法	川津祐介著	130 元
20. 內衣使妳更美麗	陳玄茹譯	130 元
21. 瑜伽美姿美容	黃靜香編著	180 元
22. 高雅女性裝扮學	陳珮玲譯	180 元
23. 蠶糞肌膚美顏法	梨秀子著	160 元
24. 認識妳的身體	李玉瓊譯	160 元
25. 產後恢復苗條體態	居理安・芙萊喬著	200 元
26. 正確護髮美容法	山崎伊久江著	180 元
27. 安琪拉美姿養生學	安琪拉蘭斯博瑞著	180 元
28. 女體性醫學剖析	增田豐著	220 元
29. 懷孕與生產剖析	岡部綾子著	180 元
30. 斷奶後的健康育兒	東城百合子著	220 元
31. 引出孩子幹勁的責罵藝術	多湖輝著	170 元
32. 培養孩子獨立的藝術	多湖輝著	170 元
33. 子宮肌瘤與卵巢囊腫	陳秀琳編著	180 元
34. 下半身減肥法	納他夏・史達賓著	180 元
35. 女性自然美容法	吳雅菁編著	180 元
36. 再也不發胖	池園悅太郎著	170 元
37. 生男生女控制術	中垣勝裕著	220 元
38. 使妳的肌膚更亮麗	楊　皓編著	170 元
39. 臉部輪廓變美	芝崎義夫著	180 元
40. 斑點、皺紋自己治療	高須克彌著	180 元
41. 面皰自己治療	伊藤雄康著	180 元
42. 隨心所欲瘦身冥想法	原久子著	180 元
43. 胎兒革命	鈴木丈織著	180 元
44. NS 磁氣平衡法塑造窈窕奇蹟	古屋和江著	180 元
45. 享瘦從腳開始	山田陽子著	180 元
46. 小改變瘦 4 公斤	宮本裕子著	180 元
47. 軟管減肥瘦身	高橋輝男著	180 元
48. 海藻精神秘美容法	劉名揚編著	180 元
49. 肌膚保養與脫毛	鈴木真理著	180 元
50. 10 天減肥 3 公斤	彤雲編輯組	180 元

51. 穿出自己的品味	西村玲子著	280 元
52. 小孩髮型設計	李芳黛譯	250 元

・青春天地・大展編號 17

1. A 血型與星座	柯素娥編譯	160 元
2. B 血型與星座	柯素娥編譯	160 元
3. O 血型與星座	柯素娥編譯	160 元
4. AB 血型與星座	柯素娥編譯	120 元
5. 青春期性教室	呂貴嵐編譯	130 元
9. 小論文寫作秘訣	林顯茂編譯	120 元
11. 中學生野外遊戲	熊谷康編著	120 元
12. 恐怖極短篇	柯素娥編譯	130 元
13. 恐怖夜話	小毛驢編譯	130 元
14. 恐怖幽默短篇	小毛驢編譯	120 元
15. 黑色幽默短篇	小毛驢編譯	120 元
16. 靈異怪談	小毛驢編譯	130 元
17. 錯覺遊戲	小毛驢編著	130 元
18. 整人遊戲	小毛驢編著	150 元
19. 有趣的超常識	柯素娥編譯	130 元
20. 哦！原來如此	林慶旺編譯	130 元
21. 趣味競賽 100 種	劉名揚編譯	120 元
22. 數學謎題入門	宋釗宜編譯	150 元
23. 數學謎題解析	宋釗宜編譯	150 元
24. 透視男女心理	林慶旺編譯	120 元
25. 少女情懷的自白	李桂蘭編譯	120 元
26. 由兄弟姊妹看命運	李玉瓊編譯	130 元
27. 趣味的科學魔術	林慶旺編譯	150 元
28. 趣味的心理實驗室	李燕玲編譯	150 元
29. 愛與性心理測驗	小毛驢編譯	130 元
30. 刑案推理解謎	小毛驢編譯	180 元
31. 偵探常識推理	小毛驢編譯	180 元
32. 偵探常識解謎	小毛驢編譯	130 元
33. 偵探推理遊戲	小毛驢編譯	180 元
34. 趣味的超魔術	廖玉山編著	150 元
35. 趣味的珍奇發明	柯素娥編著	150 元
36. 登山用具與技巧	陳瑞菊編著	150 元
37. 性的漫談	蘇燕謀編著	180 元
38. 無的漫談	蘇燕謀編著	180 元
39. 黑色漫談	蘇燕謀編著	180 元
40. 白色漫談	蘇燕謀編著	180 元

・健康天地・大展編號 18

1.	壓力的預防與治療	柯素娥編譯	130 元
2.	超科學氣的魔力	柯素娥編譯	130 元
3.	尿療法治病的神奇	中尾良一著	130 元
4.	鐵證如山的尿療法奇蹟	廖玉山譯	120 元
5.	一日斷食健康法	葉慈容編譯	150 元
6.	胃部強健法	陳炳崑譯	120 元
7.	癌症早期檢查法	廖松濤譯	160 元
8.	老人痴呆症防止法	柯素娥編譯	170 元
9.	松葉汁健康飲料	陳麗芬編譯	150 元
10.	揉肚臍健康法	永井秋夫著	150 元
11.	過勞死、猝死的預防	卓秀貞編譯	130 元
12.	高血壓治療與飲食	藤山順豐著	180 元
13.	老人看護指南	柯素娥編譯	150 元
14.	美容外科淺談	楊啟宏著	150 元
15.	美容外科新境界	楊啟宏著	150 元
16.	鹽是天然的醫生	西英司郎著	140 元
17.	年輕十歲不是夢	梁瑞麟譯	200 元
18.	茶料理治百病	桑野和民著	180 元
20.	杜仲茶養顏減肥法	西田博著	170 元
21.	蜂膠驚人療效	瀨長良三郎著	180 元
22.	蜂膠治百病	瀨長良三郎著	180 元
23.	醫藥與生活	鄭炳全著	180 元
24.	鈣長生寶典	落合敏著	180 元
25.	大蒜長生寶典	木下繁太郎著	160 元
26.	居家自我健康檢查	石川恭三著	160 元
27.	永恆的健康人生	李秀鈴譯	200 元
28.	大豆卵磷脂長生寶典	劉雪卿譯	150 元
29.	芳香療法	梁艾琳譯	160 元
30.	醋長生寶典	柯素娥譯	180 元
31.	從星座透視健康	席拉・吉蒂斯著	180 元
32.	愉悅自在保健學	野本二士夫著	160 元
33.	裸睡健康法	丸山淳士等著	160 元
35.	維他命長生寶典	菅原明子著	180 元
36.	維他命 C 新效果	鐘文訓編	150 元
37.	手、腳病理按摩	堤芳朗著	160 元
38.	AIDS 瞭解與預防	彼得塔歇爾著	180 元
39.	甲殼質殼聚糖健康法	沈永嘉譯	160 元
40.	神經痛預防與治療	木下真男著	160 元
41.	室內身體鍛鍊法	陳炳崑編著	160 元
42.	吃出健康藥膳	劉大器編著	180 元
43.	自我指壓術	蘇燕謀編著	160 元
44.	紅蘿蔔汁斷食療法	李玉瓊編著	150 元
45.	洗心術健康秘法	竺翠萍編譯	170 元
46.	枇杷葉健康療法	柯素娥編譯	180 元

國家圖書館出版品預行編目資料

銀髮族禪話／劉欣如著
－初版－臺北市，大展，民 92
面；21 公分－（心靈雅集；69）
ISBN 957-468-258-7（平裝）
1. 生活指導　　2. 老人

177.2　　　　92015894

銀髮族禪話

ISBN 957-468-258-7

著 作 者／劉　欣　如
發 行 人／蔡　森　明
出 版 者／大展出版社有限公司
社　　址／台北市北投區（石牌）致遠一路 2 段 12 巷 1 號
電　　話／(02) 28236031・28236033・28233123
傳　　真／(02) 28272069
郵政劃撥／01669551
網　　址／www.dah-jaan.com.tw
E-mail／dah_jaan @pchome.com.tw
登 記 證／局版臺業字第 2171 號
承 印 者／國順文具印刷行
裝　　訂／協億印製廠股份有限公司
排 版 者／千兵企業有限公司
初版1刷／2003 年（民 92 年）12 月

定　價／200 元